日本史のなかのキリスト教

長島総一郎
Nagashima Soichiro

PHP新書

はじめに

「アジアで考えうるよいことのすべてが日本にある」

　この言葉はインド産業界のゴッド・ファーザー、タタが私に語ってくれた言葉である。五〇年も前のことだ。アジア生産性機構からインドに派遣されて、ヒンドスタン・スティール（当時）のコンサルティングをしていたころのことだった。タタといえば、日本でいうと新日鐵のような会社である。インドにとって、日本は憧れの国で、タタのこの言葉に誇張はない。

　たしかに、周囲を海に囲まれ、他国に侵略された経験もなく、人々は治安と安全を満喫し倫理道徳のレベルも高い。ただ、第二次世界大戦では、日本本土にも悲惨な絨毯爆撃とジェノサイドともいうべき原子爆弾を見舞われ全土が廃墟と化した。にもかかわらず、民族の努力と英知によって、これだけの経済大国に発展したのだ。日本の高度経済成長に世界は驚いた。

　そもそも、日本は豊葦原《とよあしはら》の瑞穂《みずほ》の国である。風水が清く豊かであるばかりでなく神武天皇の時代から今上天皇まで連綿として尊き皇統をいただき、上と民との美しい親和のうちに、素晴らしい国をつくりあげてきた。

「朝に道を聞かば、夕べに死すとも可なり」とは、孔子のことばである。道、すなわち真理を求める点については、日本民族にも烈々たる気迫と灼熱の願望をもって、歴史をつくった人々がいる。それが明治維新で開花するのだ。

一八六九年、戊辰戦争が決着し、大政奉還による王政が復古し、明治維新がやってきた。明治天皇の五箇条の御誓文が発せられる「広く会議を興し万機公論に決すべし」。長い間の鎖国によって、西欧に大きく差をつけられた日本が、ここで脱亜入欧のスローガンを高く掲げる。岩倉具視が一〇七人を従えて、訪欧使節団を組織する。その中には伊藤博文や木戸孝允、大久保利通、後に津田塾の創立者となった六歳の津田梅子も含まれていた。なんと、一年一〇カ月に及ぶ視察旅行だった。ここで、再びキリスト教とともに、膨大なる文化が入ってきた。

その後、数学、天文学、物理学、化学、生産技術、医学、文学、地理学、歴史学などの知識が雪崩のように導入され、明治の文明をもたらした。森有礼、内村鑑三、新渡戸稲造、新島襄、賀川豊彦、山室軍平など著名なプロテスタント系キリスト教信者が活躍し、キリスト教が、ロマンに富んだ明治大正の文化をもたらしたのであった。

このような文明開化の素地には、一六世紀にはじまるキリシタンの歴史がある。日本史に輝く聖者の数々は、燦然と輝く星座である。キリシタン禁制にも屈せず、多くがキリストの教えの証人として、殉教し、あるいは隠れキリシタンのように、歴史の裏に埋め込まれてしまった。その人々に光を当てて、日本史の中でわれわれ日本人によい影響を与えた人々を描いてみたい。

本書の登場人物は、金権至上主義、唯物論から見ると、貧しい人ばかりである。否、自ら、清貧の中に隣人に対する慈悲と愛情を捧げ尽くした人々である。それでいて、人間として最も豊かな人生を送った人々なのだ。

先祖代々、郷土愛、隣人愛によってこの霊的感受性を身に付けた日本人こそ、真の幸福を味わう資格のある人たちではないか。真理の欠落した価値観、処世観では、民族の優越性は空回りに終わる。ましてや、心を荒涼たる廃墟にしてしまう科学の仮面を被った唯物論や厭世主義、無神論では、決して幸福な心豊かな生涯を送ることはできない。

本書の登場人物の言動や、生涯を鑑みて、真の安心立命に導く新しい人生を設計する時の参考にしていただければ、著者としてきわめて幸いである。

最後に、物の時代から心の時代へとのパラダイム・シフトを鼓吹され、本書の誕生に基本的コンセプトをいただいたＰＨＰ研究所の前田守人編集長と堀井紀公子氏のご指導、ご鞭撻に対して深甚の敬意と感謝を表するものである。

なお、本書のタイトルにあるキリスト教とは、主にカトリックを指す。それは、著者が一九四二年にイエズス会士フランシスコ・マイエル師により受洗し、その後今日までカトリックを信仰してきたためである。

二〇一二年一〇月

長島総一郎

日本史のなかのキリスト教◎目次

第二章　日本史に輝くカトリックの聖者〈発展期〉

第三章　日本に影響を与えたカトリックの聖者

第四章　日本における殉教の精神

第五章　キリスト教について知っておきたいこと

第一章

日本史に輝くカトリックの聖者〈黎明期〉

一・日本に初めてキリスト教の種を蒔いた聖フランシスコ・ザビエル

神を待つ黄金の国、ジパング

マルコ・ポーロの『東方見聞録』によってジパング（日本）がヨーロッパ人たちによって意識されたのは一四世紀ごろだった。黄金の国ジパングを指して、

島の国こそ、よく見つべけれ
花も実も、千々に匂うる
見よや、日本を世界の果ての
北の面《も》近こう、国土位《くら》いす

作詞者は誰か、また、このような詩に翻訳したのは誰か。知らないままに暗唱していた私の少年時代。

その後、ヴァスコ・ダ・ガマが、ポルトガルのリスボンを出港し大西洋を南下し喜望峰を回ってアフリカ東岸を北上しインドに道を開いたのは一四九八年だった。

彼こそインドへの航路をヨーロッパ人として初めて発見した人物であった。このインド航路の開拓によって、ポルトガル海上帝国の基礎が築かれたとされている。

それから、わずか五〇年後、フランシスコ・ザビエルが日本にやってきたのだ。

日本とキリスト教との出会いを顧みる時、私たちは、まず、このフランシスコ・ザビエル（ザビエルといったりザベリオといったり、しかし、同一人物である）を思い出さざるを得ない。スペインはピレネー山脈の麓ハビエル城の城主の相続人でありながら、すべての地上の黄金、権力、肉欲に決別し、神の使徒としての道を選んだのであった。しかも、彼は、当時イグナチオ・デ・ロヨラとともに、イエズス会を創立し、その足で東洋の国々への宣教の旅に出かけたのであった。一五四〇年代のことである。

ヴァスコ・ダ・ガマのインド航路が発見されたとはいえ、まだ海図も当てにならず、船そのものの強度もわからず、しかも、言葉も文化も、食べ物も習慣もまったく異なった国々に乗り出そうというのである。

つまり、そこにはキリストの力ある言葉があった。

「行って〔天国は近づいた〕と宣べ伝えなさい。病人を癒し、死者を生き返らせ、重い皮膚病を患っている人を清くし、悪霊を追い払いなさい。ただで受けたのだからただで与えなさい。帯の中に金貨も銀貨も銅貨も入れて行ってはならない。旅には袋も二枚の下着も、履物も杖も持って行ってはならない。働く者が食べ物を受けるのは当然である」（マタイ10．7～10）

東洋宣教への旅立ち

なんと、イグナチオ・デ・ロヨラから、東洋への宣教を申し渡された翌日、何のためらいもなく、一五四一年四月七日、リスボンから出港する。

前記の福音書でのキリストの言葉をただちに行動に移すのである。彼の心を貫いていたのは神に対する絶対的信頼であり、信仰である。死すべき者は誰でも、顔と顔を合わせて神を見て、この世で生き続けることはできない。肉眼よりもずっと確かな目で、信仰の目で神を見るので、彼は幸いである。彼は燃えるような神への信仰と愛を抱く。

彼は大西洋を南下し、アフリカ大陸の最南端、喜望峰を回り、インド洋を北上し、インドのゴアまでの航海に乗り出すのである。ただただ、神の福音を述べるために。

ゴアに着いたのは、一五四二年五月のことであった。ヴァスコ・ダ・ガマの第三次インド航海が一五二四年であったから、それから数えると、わずか二〇年後であったのだ。一年以上の船上生活に耐えたのである。寒暖の激しさ、水と食料の不足、野菜不足のための脚気、海賊の危険、不慣れな航海における座礁の恐れ、疫病に対するリスク、それらは神の愛に燃えるザビエルには何でもなかった。

事実、彼も航海中には何度か、難破の危険に遭遇した。大暴風雨の中、マストは折れ、船腹の一部が損傷し、まさに、沈没に差し掛かった時、乗組員の誰もが、死の恐れに直面し、泣き叫ぶ声が船内に充満したという。当然だ。ところが、ザビエルは信仰者、宣教者としてまったく違った態度を示していた。人々が断末魔の恐れと、苦しみに出合っているさなかにあって、彼は必死に祈りを捧げて、溢れる喜びに嬉し涙にむせび「私は、人々がこんなに悲しんでいるのに、これほど大きなお恵みを戴いた」といったという。すべてを神の摂理に完全にお任せした信仰者の姿がそこにある。

インドのゴアに辿りつくまでの間の航海ではこのような災難を彼は何度も経験している。福音宣教への情熱と覚悟はこの種の困難はまさに想定内のことだったのである。

彼は、ゴアを中心に南インドでは一五四五年八月まで、各地を布教してまわり、そこからマラッカへ就航し、一五四七年まで、モルッカ諸島を巡回しながら、宣教に努める。そして、その年の一二月にアンジロウという日本人と運命的に出会うのである。

見えざる手に導かれて

丘の上の教会で結婚式の司式をしていた時に、あるポルトガル人の商人がこのアンジロウほか三人の日本人を連れてきたのであった。ザビエルは彼らからいろいろと日本の様子について詳しく聞いているうちに、日本宣教こそ神の声だと悟ったのであった。さて、アンジロウの史実はここで終わっている。

しかし、私のアンジロウに対するイメージは膨らむばかりである。かつて、インドのボンベイ（現在のムンバイ）、パキスタンのカラチあたりで出くわした日本の若者の姿が目に浮かぶ。

かの地で汗みどろになって働くジャイカ（JICA）派遣の若い技術者、青年海外協力隊のすがすがしい日本青年のイメージとダブるからである。一六世紀にマラッカあたりで見た日本人は、なんと進取の気性に富んでいたことであろう。おそらくは現地に溶け込み、現地語を話し、現地の食物を食べて逞しく生きていた男たちに違いない。その男に接してフランシスコ・サビエルが、まだ見ぬ日本に対する期待を大きく膨らませていたのではなかろうか。

ちょうどそのころ、ザビエルが、イグナチオ・デ・ロヨラにあてた手紙が残っている。

「日本でたくさんの人々を信者にしなければならないと、私は主なる神において、大きな希望に燃えています……、私たちは、はじめにマラッカを経由し、シナ沿岸を通り、その後、日本へ行きます。ゴアから日本まで一三〇〇レグア、それ以上あります。大暴風雨、大風、暗礁、たくさんの海賊など、数々の危険、そして、死の危険が差し迫っているこの航海をすることで、内心にどれほど大きな慰めを感じているかを書き尽くすことはできません。四隻のうち二隻がどうにか救われれば、大変幸運だといわれているほどです……、しかし、私は、日本へ行くことを止めません」

と、並々ならぬ神への愛と、まだ見ぬ日本での宣教への決意が漲っている。

まさに、見えざる手に導かれて、彼は、アンジロウの先導のもと、一五四九年八月一五日、鹿児島祇園之洲町に着くのだ。この時こそ、キリスト教日本上陸の第一歩が記されたことになる。

一五四九年といえば、織田信長はまだ一五歳、豊臣秀吉は一三歳、徳川家康はわずかに七歳であった。まだ、足利氏が天皇の下に将軍職を務めており、室町幕府をつくっていたころである。

彼は、鹿児島に一年あまり滞在していたが、そのあいだに約一〇〇人に洗礼を授け、日本で最初のキリスト者の共同体（すなわち教会）を築いたのである。

ここで教会を築いたというが、どのように話したのであろうか。当時の日本はすでに仏教国であるから神に該当する言葉はない。即席で大日如来のお名前で神を表したという。聖書をどう説明したのだろう。天地創造の神をどうわからせたのであろう。真理とは何かをどのように伝えたのであろう。乏しいヴォキャブラリーでどうして信者ができたのであろう。長崎ではスペインの通詞はいたはずだが、日本には絶対になかった宗教をどうわからせたのか。また、キリストが救世主であることをどう教えたのであろうか。これはひとえにフランシスコ・ザビエルの輝くような人格と英知と魅力があったからに違いない。

一五五〇年、ザビエルはいよいよ鹿児島を去り都へと出発した。途中平戸に一カ月滞在中、領主松浦隆信と会見し宣教の許可を得て、平戸教会の基礎をつくりあげた。それから、下関、山口と経由し、次に瀬戸内海を北上して、堺に着く。

それは京都の天皇に謁見し、日本における宣教の許可を得るためであった。しかし、京に上って、驚いたことに、例の応仁の乱の後遺症が残り、人々は、路頭に迷い、建物は灰燼に帰し、また、天皇も謁見を断る。彼は、数日を経ずして、その効無きを悟り、南下して、山口の大内義隆に再び会い、領内での布教の許可を得る。この時、大内氏に献じた、望遠鏡、鉄砲、ぶどう酒、時計その他が、いまも山口県立博物館で公開されている。

また、一五五一年の秋には豊後の大名大友義鎮（後に宗麟）に会い、たどたどしい日本語でキリストの教えを述べる。当時二一歳であった大友は深く感銘し、宣教を許可したばかりでなく、二七年後自らも洗礼を受けた。彼のザビエルへの傾倒は、後に彼（宗麟）をフランシスコ王と敬称せしめたほどであった。

並々ならぬ日本人への傾倒

ザビエルのキリストへの愛、宣教への熱意、その人間愛、謙虚、柔和、親切、清貧などの卓越した人格は、たちまちにして多くの人々の心を捉え、短期間に素晴らしい宣教の効果をあげたのであった。

彼が、またゴアのイエズス会員にあてて、日本人について語っている手紙が残っている。それによると、

「日本についてこの地で私たちが経験によって、知り得たことを、貴方たちにお知らせします。第一に、私たちが交際することによって知り得た限りでは、この国の人々はいままでに発見された国民の中で最高であり、日本人よりすぐれている人々は異教徒のあいだでは見つけられないでしょう。彼らは親しみやすく、一般に善良で、悪意がありません。驚くほど名誉心の強い人々で、他の何物よりも、名誉を重んじます。大部分の人々は、貧しいのですが、武士も、そうでない人々も、貧しいことを不名誉とは思っていません……（後略）」

と、書き送っており、彼の並々ならぬ日本人への傾倒が偲ばれる。

彼は、日本における布教の基礎ができたのを見届け、さらなる宣教の使命を当時の中国

に感じ、一五五一年一一月中旬、府内、沖の浜でポルトガル船に乗り、日本を後にするのである。

約三〇万人の信者が生まれた

ザビエルの日本滞在は、わずかに二年二カ月ほどにすぎなかった。しかし、その後、多くの宣教師たちが遠い南蛮からやってきたのだ。そして熱心に伝道を行なった結果、最初の殉教がなされる一〇年前の一五八七年当時は約三〇万人の信者が生まれていた。

『人口から読む日本の歴史』（鬼頭宏著［講談社学術文庫］）によれば、関ヶ原の戦いの一六〇〇年ころは日本の人口は一二二七万人といわれているから、人口比二・四五％がキリシタンであったことがわかる。

彼の蒔いたキリスト教の種はその後、芽を出し、茎を伸ばし、葉をたたえたのだった。町には南蛮の風俗やキリシタン趣味が氾濫していたとのことである。

サントリー美術館の南蛮屏風を見ると、実に傑出した色彩の美しさを誇る作品となっている。右隻には日本の港町に入港する大きな南蛮船と上陸したカピタン（南蛮船の船長）、出迎える宣教師を描いている。左隻ではその母国とも思える異国で人々が集い、また他の屏風絵では丁髷風の日本武士が誇らしげに、ラッフルと呼ぶひだ襟のついた南蛮服を纏い大道を闊歩している。

珍しい物好きの町人たちは、ポルトガル人のはいている短いズボンをはいたり、信者でもない者たちまでが首にロザリオの数珠を下げたり、腰から十字架をブラさげたりして歩いていた。

カステラ、テンプラ、ズボン、パン、コンペイトウなどといったものまで、当時の日本に入ってきていたのである。当時、天下人となった豊臣秀吉も、最初はこの南蛮からやってきたパーデレ（司祭）やイルマン（修道士）たちに大変な好意を寄せていたようだ。

彼らを城に招き天守閣に自ら案内し、その権勢を誇らしげに説明したものだ。それから一年後のキリシタン禁制に豹変するまでは、日本はキリシタン・ファッションの国であったらしい。

二．天の神への忠誠を選んだキリシタン大名たち

ザビエルの布教

戦国時代を間にはさんだ封建時代の当時の日本は、どんな国であったのだろうか。

一六世紀の中盤はヨーロッパも、大きな時代のうねりの中にあった。教皇庁の贖罪符などの販売による教会の世俗化に対して、ルーテル、ツイングリ、カルビン等による、宗教改革ののろしがあがったころである。それはならじと、カトリックの復権をかけて、一五四〇年イグナチオ・ロヨラがイエズス会を組織する。その設立にともにかかわったのがフランシスコ・ザビエルだった。

一五四九年、ザビエルが鹿児島に到着した時は、おそらくは、精も根も尽き果て、体は綿のように疲れていたに違いない。しかも、衣服もボロボロの姿で、日本に上陸したはずである。

ザビエルは、まずはその土地の大名の許可を得て布教をはじめるのである。まったくの異境の地で、まったく異なった言語、風俗、文化をどのように克服したのであろう。

燎原の火のように燃え広がる

しかし、神の摂理とでもいうべきなのか、あたかも乾いた砂に水が染み込むほどの速さで、キリスト教は普及していくのである。しかも、絶対君主制こそが当時の政治形態であったにもかかわらず、「地上の君主より、天の神に仕える」ことをもって、その原理、主義とするわけであるから、為政者にとっては、まことに始末の悪い教えであり、かつ、困った無頼の者どもであったのである。

しかし、命懸けの宣教、すなわち殉教をも辞せずとの決意で渡ってきた通算一二〇人にものぼる南蛮宣教師の教えである。新しい教えを学ぶほうでもまさに命懸けだったのである。特に、九州の諸大名がキリスト教に改宗し、それに続いて、その領民たちが続々とそれに倣う。その勢いは、さらに中国地方、近畿、中部、北陸、関東へと広がっていく。

それは、燎原の火のようであった。日本人の心は、それほど真の宗教に飢えていたのであろう。人生の意義は何か、真理の本源はいずこに存するのか。先述のように全国のキリシタン信者数は三〇万人に達していたのだ。

これは当時の為政者秀吉にとっては由々しい問題であった。関白太政大臣として全国を統一するにあたり、人民の忠誠を必要とする時、己以外の、しかも異国の神に心を奪われることを看過するわけにはいかない。

そのキリシタン排斥に利用する絶好の事件が起きたのだ。その事件とは一五九六年一〇月一九日、サン・フェリペ号という外国船が土佐の浦戸に漂着したことであった。というのは、この船には途轍もない財宝の数々が積まれており、それが当時の僭王であった秀吉の欲望に火をつけたのだ。暴風雨か何かで不幸にも日本の海岸に漂着した船は、積み荷とともに没収という不文律があったのだ。

谷真介氏著『二十六の十字架』によれば、その積み荷は、生糸一六万斤、唐木綿《からもめん》二六万反、上々繻子《じょうじょうしゅす》五万反、金襴緞子《きんらんどんす》五万反、金の延べ棒一五〇〇個、大小の皿一万五〇〇〇個、壺五五四個とあったから、「この世をば、我が世とぞ、思い」込んでいる秀吉の欲望に火がつくのは時間の問題であった。

その積み荷の目録をつくるにあたって増田長盛という人物が秀吉によって奉行に取り立てられ、サン・フェリペ号の航海士のデ・オランディアを取り調べることとなったのだった。本来、不幸にも暴風雨によって漂着した船およびその乗組員たちはそれなりの保護や介抱を受けるはずであった。

それにもかかわらず、冬の最中、粗末な民家に閉じ込められ、わずかな米と水しか与えられず、しかも、船も積み荷も没収というのであるからデ・オランディアの心中、正義を踏みにじられた怒りが炭火のようにくすぶっていたに違いない。

増田長盛は、「どこから来たか」「どのように航海したのか」、また「訪れた国々はどのようなものであったか」「大海上の位置をどのように測定して航海したのか」「地図があるのか、あるとしたらそれを見せよ」と、心の赴くままに訊問したのである。

デ・オランディアは世界地図を示しながら、航海の跡を辿りつつ説明する。そして、一つの小さな島を示し「これが日本だ」と、教えた。増田長盛は「なんだと。これが我が国か。こんなに小さく描くとは何事か」と鬱憤をぶつけてくる。船長は「なにも好んでこのように小さく描いたわけではない。インド、シナ、フィリピンなどの国々と比較して描いてあるのだ」と説明する。増田は増田で、自国を馬鹿にされたように憤りを感じ、さらに訊問を続ける。

「船にキリシタンのバテレン（神父）がいるのはなぜか」と詰問する。「それは、乗組員がすべてキリシタンであり、その者たちの心の面倒を見る必要であることや、病にかかり、死に臨んだ時神の話をし、祈り、その心に慰めを与えるために必要なのだ」と答えたという（以上『二十六の十字架』谷真介著〈女子パウロ会刊〉を参考にさせていただいた）。

キリシタン禁制と仏教防衛

そのうちに、理不尽にも船も積み荷も没収し、乗組員まで逮捕する僭王秀吉の無礼に怒りがこみ上げ、ついに不用意な言葉を吐いてしまう。

われわれスペインは大国であること、メキシコも、フィリピンも、スペインの植民地として次々に占領していったこと。まずそのためには宣教師を送り込み、キリスト教を受け入れる国に対しては紳士的な通商を行ない、逆に宣教師たちに対して敵対的な行動に出れば、我がスペインのフェリペ二世は躊躇することなく大軍を送り、その国を占領するであろうと、つい自国の強大さを誇って、威嚇的な言葉を吐いてしまったのである。

航海士のデ・オランディアとしては、精一杯のハッタリをかましたつもりだった。当時のスペインには日本を植民地化する意図も、経済力も、軍事力もなかったのである。そして、これは愛を説くキリストの福音宣教とはまったく異なった論理だったのだ。しかし、増田はこの言葉を聞き逃すことはなかった。

「これだ。これがキリシタン禁制の口実になる」と、心で叫ぶのだ。世界の強大国スペインは他国を侵略し、植民地にする時は、まずキリスト教の宣教師を送り込み、これを歓迎すれば、通商関係成立。さもなければ、軍隊を送ってその国を占領し植民地化する。これは捨て置けない。キリシタンを禁制にする以外に方法はないと考えた。

もっとも、イエズス会にしても、フランシスコ会にしても、モーゼの十戒「汝、吾を唯一の天主として礼拝すべし」とある。偶像崇拝を赦してはならない、という掟から、当時の仏教寺院の廃寺や仏僧の排除を平気で口にしたらしい。これでは仏教徒としては危機感を募らせるのは当たり前である。「キリシタン禁制にしなければ、自分たちの仏教が崩壊する」という危機感をもつのは当然だ。

当時はまさに、スペインのフェリペ二世をはじめとするヨーロッパ君主たちによる、アフリカ、アジアなどに対する侵略と、その上での植民地化は同時に進行するのである。これを口実に利用しない法はない。

特に秀吉の時代になってから、側近はこぞって、キリスト教はヨーロッパの君主による侵略と植民地化の尖兵である、と誹謗しはじめる。このままでは、わが国古来の宗教が疲弊し、将軍の政権の基礎さえもが危殆に瀕する、と実感するのだ。このままでは、わが神国は、オランダ、スペイン、ポルトガルの属国になるとの危機感が生まれる。

そのころ特にキリシタンを嫌っていた仏僧の一人施薬院全宗《やくいんぜんそう》の耳打ちを受けた秀吉はこれを黙殺するわけにはいかない。そこで、一〇年前、一五八七年、一度、バテレン追放令を出したことを思い出し、ここで改めてキリシタン禁制の高札を出すことになるのだ。時は一五九六年一二月三一日のことであった。

やがて、全国的なキリシタン禁制の高札が、全国津々浦々の辻に立てられるのだ。しかも、その居場所などを密告した者には、金一封を与えた。つまり、懸賞金付きで、その徹底的撲滅に向かうのである。

大方の民衆はその信仰の有無を確かめるために、公衆の面前に呼び出されて、キリストとマリアの像を踏めと命じられるのだ。踏み絵による検証である。結城了悟神父著『キリシタンになった大名』掲載の次頁のキリシタン大名のリストを見ても、その勢力がわかるように、キリスト教に改宗していった者は、大名をはじめ、その領民たちは全国に及んだのである。
まずは、大村の大村純忠が受洗し、続いて高槻、明石の高山右近、肥後の小西行長、有馬の有馬晴信、中津の黒田孝高、伊勢、松坂の蒲生氏郷、豊後の大名大友義鎮（宗麟）などが、続々と受洗し、キリスト教に改宗した。この後、大量の血が流されることになる。いったい何人が殉教したのであろう。その数が、一説には一万人ともいわれている。大名の場合は領地没収、国外追放、時には切腹である。ましてや、その領民の場合は拷問、磔《はりつけ》などの極刑はごく当たり前であったのである。中でも次節で取り上げるように、長崎西坂で殉教した聖ペトロ・バプティスタをはじめとする二六人の殉教は、後の世の感嘆と賛美の対象となっている。

次のリストは、結城了悟神父著『キリシタンになった大名』より引用させていただく。

■キリシタンになった大名とその妻一覧表

洗礼年	名前	洗礼名	領地
1553	籠手田　左衛門尉	アントニオ	平戸、生月
	一部　勘解由《かげゆ》	ジョアン	平戸、生月

1563	大村　純忠	バルトロメウ	大村
	高山　飛騨守	ダリオ	高槻
	高山　右近	ジュスト	高槻、明石
	結城山城守　忠正	エンリケ	
	結城　左衛門尉	アントニオ	岡山（河内）
1564	結城　弥平次	ジョルジ	愛藤寺城、金山城
	結城	ジョアン	岡山（河内）
	地田　教正	シメオン	八尾（河内）
	伊智地　文太夫	パウロ	烏帽子形城（河内）
	三木　半太夫	パウロ	
	三箇　伯耆守	サンチョ	三箇（河内）
	三箇　頼連	マンショ	三箇（河内）
	小西　隆佐	ジョーチン	室津
	小西　行長	アゴスティーニョ	宇土（肥後）
1566	加賀山　隼人	デイオゴ	
1568	志岐　麟宗	ジョアン	志岐（天草）

1568	五島　純尭	ルイス	福江（五島）
	五島　玄雅	ルイス	福江（五島）
	内藤飛騨守　忠俊	ジョアン	丹後、亀山
1570	大村　喜前	サンチョ	大村
1571	天草　種元	アンドレス	本渡城
	天草　尚種	ミカエル	天草
1575	畠山　高政		高谷
1576	一条　兼定	パウロ	土佐
	一条　内政		
	天草　久種	ジョアン	天草
	有馬　義貞（義直）	アンドレス	有馬
	安富　徳円	ジョアン	有家城
1578	大友　義鎮（宗麟）	フランシスコ	豊後
1580	有馬　晴信	プロタシオ・ジョアン	有馬
	京極　高吉		近江
	京極　室	マリア	

1582	伊東　祐勝	ジェロニモ	
	伊東　義賢	バルトロメオ	
	伊東　祐兵《すけたか》		飫肥《おび》
1584	(森)毛利　高政		佐伯
	牧村　長兵衛		岩手(伊勢)
	黒田　孝高	シメオン	中津
1585	蒲生　氏郷	レオ	伊勢、松坂、会津若松
	志賀　親次	パウロ	岡城
	瀬田　佐馬丕		近江
	市橋　兵吉		美濃
	安威　藤治	シモン	高槻
1586	有馬　直純	ミゲル	有馬
	毛利　秀包	シモン	久留米
	黒田　直之	ミゲル	秋月
	織田　信秀	ペトロ	美濃、揖斐郡
	熊谷豊前守　元直	メルキオル	三入城(安芸)

1587	細川　玉	ガラシャ	
	黒田　長政	ダミアン	福岡
	大友　義統	コンスタンチノ	豊後
	大友	フルジェンシオ	
	大矢野　種基	ヤコベ	大矢野（天草）
	栖本　親高	ジョアン	栖本（天草）
1588	西郷　純信		諫早
1589	栖本　八郎	ジョアン	栖本
1590	上津浦　重貞		上津浦（天草）
	宗　義智	ダリオ	対馬
1591	志岐（有馬）諸経		志岐
1592	筒井　定次		伊賀上野
1595	細川　興元		常陸、谷田部
	筑紫　広門		山下城、筑後
	宇喜多　左京亮	パウロ	津和野
	（坂崎　直盛）		

	前田　秀則	パウロ	丹後、亀山
	前田　茂勝	コンスタンチノ	亀山
	織田　秀信	ペトロ	岐阜
	織田　秀則	パウロ	
	松浦　隆信		平戸
1596	明石　掃部《かもん》	ジョアン	
	津軽　信枚	ジョアン	津軽、弘前
	関　右兵衛	パウロ	
	蒲生　郷成	ジョアン	
	木村　重茲室		
	寺沢　広高	アゴスティニョ	唐津
	蜂須家　家政		徳島
	京極　高知	ジョアン	宮津
1598	大村　純頼	バルトロメオ	大村
1601	宇喜多　休閑	トメ	

1602	宇喜多　秀隆		岡山
	京極　高次		小浜
1604	宇喜多　秀家室	マリア	
	木下　某	ペトロ	
1607	津軽　信建		津軽
1620	前田（？）	イグナシオ	

三．日本二十六聖人たちの驚嘆すべき信仰

巨大教団に育っていたキリスト教

秀吉が最初にバテレン追放令を出したのは、天正一五年（一五八七年）であった。その定めの第一節は「日本は神国であるのに、キリシタン国から、邪法を伝えたのははなはだけしからぬ」というものである。それから九年後、サン・フェリペ号遭難を契機として、再び秀吉の怒りが火を噴く。

「あれほど、言い聞かせたにもかかわらず……」、自分の思いどおりにならなかった秀吉

は、怒り心頭に発したのであろう。

秀吉ははじめ「都や大坂にいる宣教師や、日本人信者たちを全員磔に処するから、名簿をつくって名を書き出せ」と、当時奉行であった石田三成に命じた。秀吉は、キリスト教を信ずる日本人の数など知れたものだと、思っていたらしい。

ところが、名簿をつくりはじめると、その数はたちまち三〇〇〇人を超してしまった。このころ京都や大坂だけでも信者の数は四万人を超えていたといわれるから、全国では大変な数にのぼっていたのである。

秀吉を魅了したペトロ・バプティスタ神父

その最初の血祭りにあがったのがペトロ・バプティスタ神父だった。彼は、一五九三年七月、そもそもフィリピンの使節として日本にやってきたのだった。その知識は該博で、人格高潔、しかも清貧と謙遜を絵に描いたような人物であった。

「神に仕える者に、贅沢は無縁だ」というのが彼のモットーであった。つまり、フランシスコ会の戒律に対して忠実であった。

彼が名護屋城で秀吉に引見された時、その風貌に似合わず、着ているものが粗末であった。まるで、黒いぼろ切れを纏ったようであった。

秀吉は見かねて家臣の一人に、「新しい着物を与えよ」と命じたのであるが、彼はそれを謙虚に断った。「殿様、私は、このままで結構です。よく使い込んでいますので、着心地がよいのです」と、やわらかく断る。秀吉はこの紅毛碧眼の外国人が大きな体格と優れた風貌にもかかわらず、質素かつ謙虚な態度であることにすっかり感心したのだった。

しかし、秀吉の関心は、むしろフィリピンとの交易にあった。その地位を利用して交易による膨大な富を築くことに関心があった。

「われらは、フィリピンとの友好を非常に大事に思っている。これからは、国と国との付き合いを大いに高めようではないか。予の好意をよろしく、総督につたえよ」

さらに、相好を崩して、

「そなたらは外国である日本でいろいろと不自由があろう。なんでも申してみよ。よきに計らうぞ」

と、膝を打つ。

バプティスタ神父は、ここでも辞を低くして、「殿様、私どもは、この日本で福音宣教を望んでおります。できれば、教会を一軒建てるための土地と建物、生活のための米を少々いただければ、これに勝る幸せはありません」

秀吉は、その態度にますます機嫌をよくし、

「欲のない男じゃのう。それでよいなら、好きなように致せ。土地については家臣に申しつけておこう」

と、応じたのだった。

バプティスタ神父はこの厚遇に喜び、神に感謝した。それからというものは、当時おそれられていたハンセン病者の救済と介護に努めた。そのころの日本にはこの種の皮膚病者が多く苦しんでいたのだ。

早速、融通してもらった一軒の廃寺を「慈悲の家」とし、孤児、病者、身寄りのない者を収容し宿と食事と慰めを与えるのであった。

そして、社会的弱者といわれる人々に対する多くの慈善事業を展開していった。ハンセン病者の皮膚を素手でさすり、時にはその膿を口で吸って丁寧に介抱したのだ。

見かねた周囲の者が、「神父様、そこまでしなくても……口で吸うのではなく、洗ってやるだけで十分ではありませんか」と、なだめたのに対し、「この人々の恥じらいと、苦悩と、苦痛を、少しでも軽くしてあげるのが神様の道です。この病者の中にキリスト様を見ると、却って私の喜びとなります」と答えるのだった。

「日本の人々は外国から来たキリスト教は豊かな富を持っていると、思っているかもしれませんが、キリスト教の神髄は清貧なのです。キリストは馬小屋で生まれ、貧しい大工として三〇歳まで過ごし、『鳥には巣あり、狐には穴あり、されど、人の子（キリスト）には、枕するところなし』と、いわれたほど清貧でした。最後は十字架にかかって救世の死を遂げられました。その十字架でさえ、自分のものではなかったのです」

また、別のところでは、

「私たちキリストに従う者たちは、すべての欲望、名誉、地位、快楽を捨てて、神に仕える心の喜びを皆さんに知っていただきたいのです」

と、満面の笑みを浮かべて答えるのだった。

当時は戦乱の時代だった。殺し殺される酷い時代でもあった。しかし、これら神父の言動に接した奉行の一人は、

「このパーデレたちの言動を見ていると、きっと素晴らしい来世があるに違いないとの感に打たれる。この人々が日本にいること自体が、われわれの誇りである」

と、述べた。

ところが、世俗の富と権力の頂点にあった秀吉の欲望は、ますます膨らむばかりであった。彼が九州に巡行した時、一人の美女を認め、「予の側女とせよ」と家臣に命じたところ、その女性はキリシタンで「貞操は死をもって護る」との意向であったため、天下人、秀吉の逆鱗に触れ、後々のキリシタン禁制に繋がったともいわれている。

生殺与奪の権をもつ独裁者の気分は気まぐれで、朝令暮改も甚だしい。

一五九六年一二月三一日、「バプティスタ神父をはじめとする二四人を磔にせよ」との厳命が下る。

「予はここで改めて、この教えを禁ずる。もしこの禁令を踏みにじるものがあれば、本人はもちろん、その一族をも、死罪に処するであろう」

有限の苦しみと永遠の幸せ

一五九七年一月三日の朝、見せしめのために京都、大坂、堺の町を引き回されたバプティスタ神父たち二四人のキリシタンは耳を削がれ、再び馬で、大坂の牢に連れて行かれた。そして役人の掲げる新しい秀吉の宣告文を先頭にして、一月一〇日、いよいよ処刑地にさだめられた遠い長崎へ、冬の寒風にさらされながら死の旅に出たのである。

削がれた耳の痛さはいかばかりのものであったろう。真冬の寒さはどのように身にこたえたことであろう。降ってわいたような突然の死刑、どんなに恐ろしかったであろう。

ペトロ・バプティスタ神父を含めスペイン人四人、ポルトガル人、メキシコ人など外国人六人以外はみな一般の日本人信者である。最年長のディエゴ喜斎（六四歳）から、最年少のルドビコ茨木（一二歳）まで一八人が日本人である。

人並みの煩悩、欲望もある。親兄弟、親戚友人との別離の辛さもある。長崎までの気の遠くなるような見せしめの徒歩旅行が控えている。死の恐怖がないはずはない。耳が痛い、鼻の出血が止まらない、寒い、痛い、辛い、苦しい、吐き気がする、疲れる、弱る、体も、心も。キリシタンとて、人間である。一般の庶民と異なるところはない。体と心の苦痛以外にも、心無いやじ馬たちの好奇の目に晒されねばならない。罵《のの》りの言葉、侮《あなど》り、嫌がらせ、憎しみの注視、人々から捨てられる身、天下人から宣告される死。常識から考えればこんなに間尺に合わない話はない。それに耐えられるのだろうか。

出発の日の朝、バプティスタ神父は牢屋で二三人の同志殉教者に次のように語ったのであった。

「皆さん、苦難の後には、皆さんがあんなにも憧れ、愛したイエス様、マリア様のみ前に出ることができるのです。この苦難は、以後私たちに与えられる永遠の生命のためのものなのです。しかも、この苦難はまもなく終わります。この有限の苦しみに対して、その報いは永遠の喜びと幸せなのです。この決心が揺るぐことのないよう、いまから神様にお願いしておきましょう」

そうだ。肉体は滅びる。この世は、仮の世である。しかも、どんなに絶大な権力と富豪を誇ったところで人の寿命には限りがある。

キリストの言葉に、「人、もし全世界を儲くとも、魂を失わば何の益かこれあらん」とある。二四人の殉教者たち（後から、二人加わって、二六人となる）は、この信念に寸毫の揺るぎもなかった。殉教とは、自分の命と引き換えに、己が信ずる真理の正しさを証明するところにある。

もう一度繰り返す。大坂から長崎までの道のりは約八八〇キロもある。殉教者たちは後ろ手に縛られたまま、この道のりを乗り越えていったのである。厳寒の長い旅路、心無き人々の罵詈雑言、確定した死刑への恐怖。綿のように疲労困ぱいした肉体。その苦衷はいかばかりであったろう。

しかし、二六人はキリストによる勇者の集まりであった。そして驚くべきことは、この殉教の列に一人として脱落した者がいなかったということだ。道中、殉教者の一人パウロ三木はいくら厳しく見張られていても、機会あるごとに後ろ手に縛られたまま神の道を説きつづけたという。

この説教を聞いたある僧侶は、

「あの忍耐強さ、喜びに満ちた表情を見ると、これではまるで、太閤様が、国中にイエスの教えの正しさを宣伝していると同様ではないか。太閤様は、まったく愚かである」

と、呟いたといわれている。

二六の十字架が聳えた西坂の丘

一月一〇日、大坂の牢を発って以来二七日目、即ち二月五日、一行は長崎に到着した。そして、長崎の港が見下ろせる西坂の高台に連れて行かれた。二六人一人ひとりに木の十字架が準備されていた。この教えに殉ずるという、開闢以来本邦初めてという十字架刑を見ようとして、約四〇〇〇人が刑場の周りを取り囲んだ。好奇心につられて集まった人々の中で、十字架上から喜びの表情で説教するパウロ三木や、一二歳のルドビコ茨木、一三歳のアントニオの幼気《いたいけ》な、かつ健気な信仰者の姿を見ているうちに、キリスト教に改宗した者も多かったといわれている。

やがて処刑の時がやってくる。二六人はペトロ・バプティスタ神父の先唱にはじまる讃美歌、そしていよいよ最後の息を引き取る時の「イエス、マリア、イエス、マリア」の絶唱が西坂の丘に、木魂したに違いない。あっぱれの殉教である。

彼らの名を、ここで改めると、フランシスコ吉、コスメ竹屋、ペトロ助四郎（三〇）、ミカエル小崎（四六）、ディエゴ喜斎（六四）、パウロ三木（三三）、パウロ茨木（五四）、ヨハネ五島（一九）、ルドビコ茨木（一二）、アントニオ（一三）、ペトロ・バプティスタ（四八）、マルチノ・デ・ラ・アセンシオン（三〇）、フィリッポ・デ・ヘスス（二四）、ゴンザロ・ガルシア（四〇）、フランシスコ・ブランコ（二八）、フランシスコ・デ・サン・ミゲル（五三）、マチアス、レオン烏丸（四八）、ボナベントウラ、トマス小崎（一四）、ヨアキム榊原（四〇）、フランシスコ（四六）、トマス・談義者（三六）、ヨハネ絹屋（二八）、ガブリエル（一九）、パウロ鈴木（四九）。（括弧内は殉教時の年齢、括弧のない者は年齢不祥）。

以上の殉教者を修道会ごとに要約すると、フランシスコ会宣教師六名、イエズス会士三名、在世フランシスコ会会員およびそれに準ずる方々一七名。

長崎市の日本二六聖人殉教の地
©読売新聞・アフロ

日本二六殉教者を讃えた聖歌

彼ら二六名は、全世界が信仰の模範として大きな感動に打たれたとともに、ローマ法王庁において一八六一年（文久元年）から翌年にかけて、教皇ピオ九世によって、聖人の列に加えられたのであった。

一九九七年は、西坂の殉教から四〇〇年目にあたる。この記念すべき年の準備として、一年前の一九九六年、殉教者の指導者聖ペトロ・バプティスタ神父が最初に上陸した九州平戸の亀岡公園には、その聖なる活動と、遺徳をしのぶ聖ペトロ・バプティスタ上陸記念碑が建てられ、島本要長崎大司教による盛大な除幕式とそれにつづく記念ミサが執り行なわれたのであった。

また、四〇〇年目にあたる一九九七年には、聖ペトロ・バプティスタの故郷スペインのサン・エステバン・デル・バーレから、はるばるアガビト・デイエズ神父、そしてカタエノ・サンチェス神父が来日し、その遺徳をしのぶ講演会が東京チャペル・センターで開催されるとともに、現地西坂の丘では、カトリック信者数千人が参加し、ヴァチカンの教皇特使エドムンド・カジミル・ショーカ枢機卿によるミサが盛大に行なわれたのであった。日本二六殉教者を讃えて次の聖歌ができた。

カトリック聖歌408いさぎよき

1. いさぎよきやまと島根《しまね》の
ひじりらは命を捧ぐ
み教えの為

(おりかえし)

いさおしはよろずの国に
よろず代にほめ讃《たた》えられ
とわに輝く

2. くるしみもなにか恐れん
ひじりらはよろこび忍ぶ
み主《あるじ》のため

3. 血しおもて染《そ》めしまごころ
わすれまじわが日の本の
弥栄《いやさか》のため

四．中でも突出していたパウロ三木の刑場での説教

磁石に引きつけられる鉄

ここで刑場における二六聖殉教者の一人、パウロ三木の動静に注目してみよう。

二月五日の朝一〇時、まさに西坂は十字架の林立するところとなった。二六人はそれぞれに十字架にかかり、槍にて絶命しようとしている。四〇〇〇人の物見高い群衆が固唾を飲んで見守るうちに、この二六人の美しい祈りの声、そして、讃美歌が聞こえはじめた。「イエス、マリア、イエス、マリア」という賛美の言葉を縫うようにして、パウロ三木が声を張り上げる。死を前にした雄々しい雄叫びともいえる説教だった。

「皆さん、よくお聞きください。私はこれから、この西坂の地で、死刑になり、命を絶ちます。私は人を殺したわけでもなく、盗んだこともなく、詐欺を働いたわけでもありません。キリストの教えを説いたというかどで死刑を宣告されたのです。しかし、私はこの運命を嘆いてはいません。むしろ、キリスト様の教えの正しさの証人として死への道を選んだことに大きな喜びを感じています。なぜならば、全知全能全善の神様の温かい懐に間もなく憩うことになるからです。皆さん、この世は浮き世です。どんなに富み、権力をも

ち、名誉に輝いたとしてもわずか、数十年の人生です。霊魂は不滅ですから、この肉体は滅びても、死後の生命は永遠です。キリスト様は『われは真理、道、生命である』と宣言されています。この宇宙の創造主、神様の愛の十字架にわが身を委ねるとしたら、これ以上の幸いはありません。私はキリスト様を見習って、私を死刑に定めた太閤様を恨んではいません。お奉行様にも反感をもちませんし、刑吏の方々もお役目ですから恨んではいません。間もなく私の命は絶たれます。死を前にしている私ですから真実を語ります。心と精神の真の喜びであるキリシタンをお学びください。信仰の喜び、これ以上のものはありません」

これを耳にした群衆は、パウロ三木の雄叫びに心を奪われ、あたかも「磁石に引きつけられる鉄」のように一歩一歩殉教者たちのほうへ引き寄せられるのを、どうすることもできなかったと記録には書かれている。

さて、その「日本二六聖人列聖一五〇周年の記念式典」に参加した時の著者の感想を以下に示した。

✝雄々しい信仰と殉教

二〇一二年二月五日、カトリック本所教会にて日本二六聖人殉教者祭が執り行なわれた。カトリック本所教会、まさしく日本二六聖人にささげられた東京唯一の教会である。

式次第パンフレットが渡され、そのよくできた冊子にしたがって、厳粛なミサが執り行なわれた。使徒信条、主の祈り、アヴェ・マリアの祈り、栄唱、そしてロザリオの祈り「栄の玄義」が唱えられたのである。

ミサ聖祭の岡田大司教による説教では、キリシタン弾圧時代における日本人信者の強靱な信仰心を讃えるとともに、果たして現在の日本のカトリック信者がそれに似た緊張感のもとに、同等の信仰をもって、日々を過ごしているか否か、と問い詰められている感があった。

ミサが感謝の典礼に進んだ時、一二歳にして殉教したルドビコ様への奉納の歌がうたわれた。

ルドビコさまは、じゅうにさい
みみをそがれて、しばられて
あゆむせんキロ、ゆきのみち
ちいさいあしあと、ちがにじむ
ちいさいあしあと、ちがにじむ

五．輝ける徳の光、高山右近《たかやまうこん》

一二歳で受洗

摂州高槻、のちに明石の城主となるキリシタン大名の中堅であった。茶人であり、人となりは豪勇堅忍、信仰厚く軍略築城に優れていた。

一五九七年の西坂における日本二六聖人の殉教に遡ること三三年、永禄七年（一五六四年）、高山右近はイルマン（修道士）・ロレンソにより受洗、霊名をジュスト、時に一二歳であった。長ずるに及び、父ダリオとともに熱心にキリシタンを奉じ、沢、高槻、安土、大坂などに聖堂を建立、その他教会の事業に奉仕することに厚かった。

父ダリオ高山と、子ジュスト高山が大名の身分にもかかわらず、キリストの愛に大きな感動を覚え、その信仰生活を深めていったことは容易に想像される。宇宙の原理、人類の宿命、人となった神であるイエス・キリストの真理を知りその素晴らしさに、地上の財宝や権力を塵芥と考えるようになるのだ。この親子は聖堂を建て、キリシタンの教理を家臣に学ばせるためにセミナリオを造り、朝な夕なパーデレ（司祭）の立てるミサ聖祭やベネディクション（聖体降福式）に参列し、かつ家臣たちにもその教えを学ばせることに大きな喜びを見出していたに違いない。神の前には人は平等という主義をしっかりと貫いた親子であった。

「天は人の上に人を造らず、人の下に人を造らず」という明治の福沢諭吉の思想の淵源もここにあったのだ。もはや、この親子は家臣を家来扱いにすることはなく、親しい友人、隣人として尊敬と愛とで接していたことは容易に想像される。このことは、前時代からの士農工商というカースト制度から見れば、まさに驚天動地の行動であったであろう。だから領民に対する愛情は深く行き渡り、仮に領民の誰かが死去した場合など、葬儀に列席し尊敬をもって接したといわれている。家臣たちも、身分を忘れて、同様の行為をしきたりにしたという。下剋上の戦国時代において高槻、安土、明石などは、まさに別天地であったに違いない。

されればこそ、天正五年（一五七七年）には一年間に四〇〇〇人の領民が洗礼を受けている。当時としては先進的制度が設けられたという。というのは、イタリアのフィレンツェではじまったミゼリコルジヤ（憐れみの組織の意）という信徒組織を模したもので、毎年四人が組頭となり、ダリオとともに貧しい者や病人の救済、葬儀の執行、教会の祭儀の準備、伝道活動などにあたったのである。また、困った者がいないかどうか常に見回っていた。このようにして、彼らは人間が平等であることを示したのだ。

まれにみる天与の才能の青年

ここで少しばかり当時の社会システムを遡ってみよう。

再述するが、一六世紀においていて、わが国ではすでに士農工商というインドのカースト・システムに似た制度ができあがっていた。武士の下に農民があり、その下に職工、そして、最下級に商人がいたのである。

この階級格差は歴然としており、武士が刀の切れ味を試すために夜陰に乗じて町人を街角で待ち伏せ、試し斬りをしても罰せられない時代だったのだ。身分の違いは厳然としてあり、町人の訴えなど歯牙にもかからなかったのである。

そんな時代に、「すべての人間は神の前には平等」などという教えは、まさに奇想天外の話だったろう。その最上級にある武士、しかも、その頂点に立つ大名が下々の葬儀を執り行なったり、ましてや、その死骸を棺桶に葬るなどという仕儀は、当時の常識をはるかに超えた行為であったはずだ。その常識を一八〇度転換するキリスト教たるものの影響たるや、まさに瞠目すべきことであった。フロイスは「自負心の強い傲慢な日本人武士にしてはまれにみる行為である」と評している。

また、キリシタンは一夫一婦制を厳格に守り、女性の人権をも守ったのだった。彼らは、領主とは思えぬ謙遜な態度で領民に接した。右近についてフロイスはまた『日本史』でこう述べている。

「ジュスト右近殿はきわめて生き生きとし、明晰な知性を持ち、特にまれにみる天与の才能の青年であった。彼は修練された説教者で、ミヤコ地方の全キリシタンの柱石である。彼がデウス（天主）について語る時、それを聞く家臣たちも、見知らぬ異教徒たちも驚嘆せざるを得なかった」

彼の一生を通じて脳裏を去来していたものは何か。

それはすべてに越えて、神への忠誠を誓っていたことである。つまり、この世の権力者の命に背き、己の生命を危険に晒しても自分の自由意志はとりもなおさず、神からの贈り物であるということ。この世の数十年の生涯は永遠の生命からみれば、一瞬のものだ。神の目から見て、時は何ものでもなく、千年は一日、一日は千年である。自分もそれに倣う。

そして、この全能なる神が自分に語っている言葉は何か。それは、お前がお前自身を愛している以上に、神はお前を愛しているのだ、という一点にある。だからこの世の栄達も名誉も財産も何ほどのものではない。この世に超越した覚悟が、彼の人格を崇高なものにしていたのだ。

その姿勢が宣教を可能にし、領民をはじめ諸侯武将を感化し、キリシタンに入信させている。秀吉の側近でも多くの者が右近の影響で入信している。

天正九年（一五八一年）には、高槻の領民二万五〇〇〇人のうち、一万八〇〇〇人がキリシタンの洗礼を受けている。また、右近の感化によって、近江の城主の蒲生氏郷、黒田官兵衛孝高、小西行長のほか、宇喜多氏、中川秀政、市橋兵吉、瀬田佐馬丞などがキリシタンになっている。

馬廻りの牧村政治は、四人の妻をもっていたが、一人に改め、以後驚くほど、純潔な生活に変わったという。受洗には至らなかったが、細川忠興、前田利家、織田有楽斎など、好意をもつ者も多かった。細川忠興の妻ガラシャは侍女マリアと右近の導きで入信したのであった。右近こそまさに「輝ける徳の光」あるいは「教会の柱石」と称せられた。

高山右近、武将としての器量

天正一〇年（一五八二年）本能寺の変を中国途上にて聞く。兵を整えて六月六日に秀吉に見参、同一一日、尼崎の軍評定において先陣を承る。すなわち山崎に先陣して宝寺の南門を閉じて、他兵を入れず、一番合戦の功を独占、赫々たる武勲をたてた。同一四日、亀山城を攻めて大手にむかい明智光慶を自刃させて、丹波を平定したのであった。

天正一三年（一五八五年）八月一〇日加増されて明石に移封、船上城を居城にして六万石を食《は》む。

天正一四年（一五八六年）三月一六日、日本イエズス会準管区長に就任したコエリヨが秀吉に謁見する。九州での保護を願う。秀吉は激励し歓待したうえ、城中の隅々まで案内した。コエリヨが「九州の全キリシタンが秀吉に味方する、ポルトガル船を世話する。秀吉を九州に招く」と申し出たとされている。

彼らは政治的勢力をもとうとしていたのだ。それに秀吉が気付かぬはずがない。秀吉は彼らの野望を感じ取ったうえで、突然、一五八七年、バテレン追放令を打ち出した。一五四九年、フランシスコ・ザビエル来訪以来続いたキリシタンと日本との蜜月時代は、わずか三八年で終止したことになる。秀吉は右近の人柄に惚れ込んでいたのだが、この件から態度が変わり、右近の許に使いを出す。

「右近の説得により、身分ある武士たちにキリシタンの教えが広まっていることを不快に思う。兄弟も及ばぬ一致団結は天下にとってゆるがせにできぬ。高槻、明石の者を、キリシタンにするは理不尽である。予に仕えたければ、信仰を捨てよ」

との激しい叱責と要求であった。

地上の栄華を捨てる

これに対する右近の答えは簡単明瞭であった。

「私が殿を侮辱した覚えはまったくなく、高槻の家来や明石の家臣たちをキリシタンにしたのは私の手柄である。キリシタンをやめることに関しては、たとえ全世界を与えられようとも致さぬし、自分の霊魂の救済と引き換えることはしない。よって私の身柄、封禄、領地については、殿が気に召すようにとり計らわれたい」

日本側の資料には、秀吉が右近の茶の師である千利休を使者として使わし説得に努めたと記されている。しかし、利休の説得も謝絶し、

「キリシタン信仰が師（茶道の師利休）、君（秀吉）の命（棄教令）よりも重いかどうかは、いまはわからないが、侍は一旦、志したことを変えないもので、たとえ君の命と雖《いえど》も簡単に変えるのは不本意である」

と。そして、流浪の旅に出る。多くの諸侯からは、一時の棄教を勧められたのであるが、「地上の儚い栄達や、豪華な生活よりも、全能の天主の下、永遠の生命を求める」と、いい放ったといいわれる。

いま、六万石と明石の領地、領民を捨てる場合、現在の経済に照らして試算してみよう。

当時とは価値基準が異なるのはもちろんであるが、米一キロの値段が、約四五〇円とする。すると、一升は一・五キロであるから、六七五円となる。一斗はその一〇倍で六七五〇円、一石はその一〇倍で六万七五〇〇円、そして一万石は六億七五〇〇万円である。六万石となると、その六倍、四〇億五〇〇〇万円となる。つまり、年間収入四〇億五〇〇〇万円を捨てるのだ。

また、当時の日本の人口は約一二〇〇万人であるから、現在の人口の約一〇分の一である。現在の明石市の人口が約二九万人であるから、この一〇分の一として、二万九〇〇〇人、そのうちの成人人口を約七割とみて、二万三〇〇人となる。明石の領地とその領民の奉仕をも自ら断つのである。以上、いささか荒っぽい試算であるが、大名としての名声と誇り、年商(下世話な計算になったが)四〇億円強を得る億万長者が一瞬にして一文無しのホームレスになる決心をしたのだ。

信仰に殉ずるとは、この境遇に自らを置くということなのだ。並大抵の決心ではないことがわかる。

小西行長の配慮

慶長一二年（一六〇七年）、宇喜多家も金沢へ。やはり関ヶ原で敗戦後、没落した宇喜多秀家の妻であった、北政所に仕えていて洗礼を受けた利家の娘、豪姫とともに金沢に来た。

一六一四年度「イエズス会日本年報」では、金沢が日本で最も栄えた教会の一つとして書かれている。右近は信仰の同志小西行長の配慮の下、その領小豆島、あるいは天草に隠れたりしたという。

慶長一七年（一六一二年）三月の禁教令以後、国政には参与せず、同一九年（一六一四年）の禁教令により加賀をさらに退く。同年正月一七日、金沢を出発し、蛇行して大坂に出て、海路長崎に向かった。同年一〇月七日、長崎出帆、マニラに追放される。

しかし、かなたでは官民の大歓迎を受ける。だが、マニラ到着後四〇日で熱病にかかり、翌元和元年（一六一五年）、正月八日、聖者のような死を遂げた。享年六三歳。彼はいい残している。

「パーデレ、私はもう死ぬと思いますが、神がそれを希望したまうのですから、私は喜び慰められています。いまより幸せな時がいままであったでしょうか。私は妻や、娘、孫についても何も心配していません。彼らと私はキリストのために追放されてここに来ましたが、彼らが私についてこの土地まで来てくれた愛情に深く感謝しています。神のためにこのような境遇になったのですから、神は彼らにとって真理の父となりたまうでしょう。だから、私がいなくなってもよいのです」

六．殉教を求めたペトロ・カスイ・岐部神父

司祭として叙階されることを望む

なんと殉教をするために生きた人物こそが、ここにご紹介するペトロ・カスイ・岐部である。バプティスタ神父が先頭に立って西坂の丘で殉教したのが、一五九七年であるから、その一〇年前、すなわち一五八七年バテレン追放令が出た年に豊後の国、国東郡の岐部（現・大分県国東市国見町岐部）で、父、ロマーノ岐部、母マリア波多の下に生まれた。父ロマーノ岐部は豊後の国の戦国大名大友氏の重臣岐部一族で、本拠は大分県国東半島の北部岐部の豪族、母マリアの実家は大友氏の重臣波多氏で宇佐神宮の神官をしていた。

キリスト教徒の両親の間に生まれた岐部は、潜伏していた有馬のセミナリオで一三歳まで育てられていた。洗礼名のカスイとは「活水」からきているようだ。ヨハネ福音書四章

一三から一四の、キリストがサマリアの井戸にいた女に「この水を飲む者は誰でもまた渇く。しかし、私が与える水を飲むものは決して渇かない。私が与える水はその人の内で泉となり、永遠の命に至る水がわき出る」との一句からきているように思える。さればこそ、厳しいキリシタン禁制の時代、迫害と殉教の歴史の中でカトリック精神が養われ、培われていたのだった。そこで彼はカトリック司祭になるという大望を抱くのである。一六一四年、彼が二七歳（と思われる）の時、多くの宣教師とともにマカオに追放されるのである。

そこで、彼は司祭として叙階され、迫害に苦しむ日本の信者を助けることを熱望する。その志、やみがたく、一六一六年、マカオを出港し、インドのゴア、パキスタン、イラン（当時のペルシャ）、イラク（当時のアラビア）、ヨルダンを経て、イスラエルに辿りつく。

ここで聖地巡礼を果たす。おそらく、エルサレムの神殿跡で往時のキリストの説教の状況を偲び、ゲツセマネでのキリストの悶え苦しみを連想し、ゴルゴダの丘を歩いて、キリストの十字架の道行きを辿ったと思われる。

また、両手、両足に鋭い釘を打ち込まれ、十字架上で断末魔の苦しみをもって、人類の膨大なる罪を贖《あがな》われたカルワリオの丘に登り、近くにあるオリーブ山を仰ぎ、カトリックの信仰をさらに深めたと想像できる。

そこから、彼はローマを目指す。行く先々では風土も違う、砂漠では灼熱の太陽に苦しみ、道中における強盗や、船の沈没の危険にも晒されたことと思われる。それよりもなによりも、行く先々ですべて、言葉が違うという困難を体験するのだ。

そこからやっとの思いでローマのイエズス会修道院に着く。一六二〇年、彼が三三歳の時と思われる。待望の叙階を果たしたいのだが、非情にも、この者受け入れるべからず、との回状がマカオから届いていたのだ。

しかし、キリシタン禁制の日本で命がけで学んだ学問と鍛え上げた知性には卓越したものがあった。また一六一四年、マカオへ追放された時は司祭になるべく当地のコレジオでラテン語を学び、さらに神学に磨きをかけたのだった。かくして、岐部は神父になるべき必要にして十分なる学問的基礎を確立していたのだった。しかも、福音宣教に対する烈々たる情熱と強固な意志、イエズス会士たちの評価は高く、ペトロ岐部に会ったイエズス会の上長は、強い印象をもち、彼に叙階の便宜を図る。その年、イエズス会に入会が許され、司祭に叙階される〈叙階とはカトリック教会の秘跡〈サクラメント〉の一つで聖職者を任命すること〉。

おそらく天にも昇る心地だったのだろう。そこから、ローマを発ち、海路からか陸路からかはわからないが、なんとポルトガルのリスボンに着くのだ。そこで誓願をたてる。そして、そこから帰国の途に就くのだ。

殉教を目的として帰国

なんとか、交易船に乗船するのだが、マカオ、アユタヤ、マニラと通過しながら、日本は鎖国を行ない、すべての交易、交通が絶たれていることを知る。しかも、祖国における猖獗《しょうけつ》をきわめた弾圧、迫害、拷問、殉教の便りを耳にする。だからこそ、彼は日本上陸を目指すのだ。一六三〇年、彼は薩摩の坊ノ津に上陸することができたのだ。まさに、彼の熱烈なる執念が実ったというべきであろう。

リスボンを出発してから、すでに八年が経って、四三歳になっていた。もうそのころ、日本では中浦ジュリアンたちの殉教がはじまっていたのだ。

マカオのマヌエル・ディアス院長の手紙から、彼の潜伏期のエピソードの一端を知ることができる。

彼は、フェレイラ神父が転んだ（棄教した）ことを知る。せっかく、日本宣教の志をもちながら、あまりの迫害と拷問の激しさに、転んでしまったのだ。

ペトロ岐部は、長崎の山中に潜伏していたのだが、山を下り町に行き、密かにフェレイラに会ったのである。

し、私と一緒に殉教しましょう」と励ますのだ。しかし、彼の言葉は聞き入れられることはなかった。いったん転んでしまったフェレイラには、残酷にも日本女性の嫁が与えられ、その名も沢野忠庵と名乗らされ、その安楽な生活が保障されていたのだ。

死を目前にした信仰の輝き

だが、それらは、刹那的な浮き世の安楽に過ぎず、ペトロ岐部は言葉を尽くして、この棄教者の救霊を願うのだ。ペトロ岐部はその後、活動の拠点を東北におく。そこで、さらに熱心に布教をし、信者の告解を聞き、激励に献身する。

しかし、追手のせめぎは次第に激しさをもって迫り、もはや、宿主を巻き込むことの危うさを知った段階で、仙台で捕らえられることを選ぶ。彼は江戸に護送されて、そこで詮議される。なんと当時の将軍家光が直々に立ち会ったといわれている。

その後、井上筑前守の命で、さまざまな拷問を受ける。真っ赤に焼けた鉄棒を腹に押し付けられ絶命させられたのである。一六三九年、殉教地は江戸小伝馬町の牢屋敷であった。いまの東京都中央区十思公園のあたりだ。殺されることがわかっていながら、神の栄光に帰するために、彼の故郷である殉教の地、日本に戻ってきたのである。

本居宣長の歌に、

「敷島の大和心を人問わば、朝日に匂う山桜花」とあるが、この歌は、ペトロ岐部神父の殉教にこそ相応しい、潔さであり、美しさではないだろうか。

この豪爽無敵の日本男児と一八七人の殉教者に対して、ヴァチカンでは、教皇ベネディクト一六世によって、二〇〇七年六月一日、列福が行なわれ、さらに近年になって、溝部司教によって列聖への手続きが進められている。

七．万里の波頭を越えて殉教にやってきたシドッティ神父

超一流のカトリック神父が来日

客観的にいえば、まさに「飛んで火に入る夏の虫」ということになるだろう。

なんと、キリシタン禁制、そのうえ厳格な鎖国を宣言した江戸幕府の裏をかこうというのだ。潜入しても、外国人と見破られないように月代に剃り、和服の上に大小二本をさし、日本の武士の仮装をして、屋久島に上陸したのだ。

時すでに一七〇八年一〇月であった。徳川綱吉の時代である。徹底した迫害と殺戮によ

ってキリシタンを根絶したと思われる一八世紀の初頭の日本に潜入したのだ。その名はジョヴァンニ・バッティスタ・シドッティ。イタリア、シチリアの出身。カトリックの司祭である。

この時分、ヨーロッパでは、宗教改革の嵐が吹き荒れていた。教会の再生を図って開かれたトリエント公会議の決議と教皇の裁可によって一五六五年にローマ・セミナリオが開かれていた。宣教の大志を抱いて、ローマに辿りついたシドッティはここで勉学に勤しんだと思われる。主柱となる哲学、神学だけではなく、文法、算術、修辞学、論理学、物理学、数学、形而上学、倫理学など一六科目にわたる正課を学んでいる。カトリック神父として超一流の教育を受けたことになる。これだけの教養と資格を身に付けながら、こんな無謀にして軽挙、しかも、大胆な試みはどこから生まれてきたのであろうか。送り元は、わざわざシドッティのためだけに船を建造し、計画に齟齬がないよう準備万端を整えての出港だったのだ。だが、鎖国した江戸幕府の側からみれば、まさに軽佻浮薄、ドン・キホーテの愚挙のたぐいなのだ。屋久島に上陸したものの、まず、言葉が通じない。土地の農民に見破られて、奉行に拉致されてしまう。客観的、怜悧な判断によれば、この上陸はまさに間尺に合わない、不合理そのものの計画である。だが、送り出す西欧側からは、違っていた。

大量の殉教者を出し、死の直前までキリスト、マリアを賛美し英雄的に火あぶりの刑に服した日本人の子孫の中には、まだその信仰の残り火があるはずだ。その乏しい残り火に酸素を送って再び燃え立たせようとの志があったのだ。

鎖国した日本の状況は皆目わからない。あるいはどこかに隠れキリシタンが潜んでおり、その人々がいわゆる残り火の役割を果たし、再びキリストの愛、慈悲、悲願を燃え立たせることができるかもしれない。生命の保証はまったくない。捕らわれた瞬間、惨殺されるのかもしれない。一か八か、の賭博に似ている。

しかし、彼には結果がどうであれ、最初から生死を超えた信仰があったのだ。これを単なるドン・キホーテととるか、ヒロイズムととるか、世間がどのように風評批評しようとも、シドッティにとっては、まったく眼中にないこと。彼が目前に、はっきりと見ているのは神の子、キリストしかいないのだ。そのキリストが彼に囁きかける。

「あなた自身を私に余すところなく委ねなさい。そうすれば、天国の無尽蔵の宝庫をあなたに開いてあげよう」

彼は、いかなる危険も迫害も恐れない。それは、神の加護があるからだ。彼は知っている。神の摂理はすべてである。神のご加護があれば、殉教さえも耐えられる。裏からいえば、神を離れては、何もできないことを知っているからである。だから、自ら選んで神の証人として殉教する道を選んだのだ。この自由意志も神からの贈り物である。

当時の江戸では、すでに第六代将軍家宣の時代（一七〇九～一七一二年）になっていた。彼は屋久島で捕らえられた。幕府の側としては、ローマ人といわれるそのシドッティとやらの訊問を行なわねばならない。それは、単なる通商を求めてやってきた商人なのか、あるいは、江戸幕府を嘲笑するための試みなのか、はたまた、キリシタンの狂信者たちの妄想なのか、この訊問の衝に選ばれたのが五〇〇石の旗本、新井白石であったのだ。

新井白石とシドッティ神父

以下、藤沢周平著『市塵』を参考にしつつ描写してみよう。

一七〇九年一一月、シドッティを引見した新井白石の胸中には夥しい数の思いが渦巻いていた。西洋から万里の波頭を越えてやってきた異人の目的は何なのか。まさか、福音宣教でもあるまい。では、この冒険の目的は故国に錦を飾る英雄の称号か、あるいは……、白石としてはまず顔を合わせてみることが第一である。

宗門奉行横田備中守と柳沢八郎衛門の臨席のもとに、茗荷谷にある切支丹屋敷に急いだのだった。白洲の椅子に腰かけたのは、六尺豊かなローマ人、黒髪を靡かせ、茶色の目をした偉丈夫である。彫りの深いその顔から鋭い知性と、またそれに反した柔和な表情があった。

横田、柳沢、そして新井白石が臨席する時、この男はすくっと立ち上がって黙礼する。「異人にしては礼儀を心得た男じゃのう」との印象があった。もちろん日本語は真におぼつかない。オランダ語の大通詞、今村源右衛門を通してのやり取りであるが、オランダ語と異なり、イタリア語のシドッティであるから、およそ、見当が違っていた。しかし、案ずるより産むがやすし、身振り手振りで、おおよその意思は通ずるようだ。シドッティの澄んだ瞳、静かな中に凜とした姿勢、簡単な問答ではあるが「はい、いいえ」のすがすがしい応答、しかも、白石にとって目を見張るような博識である。

「どこから来たのか」

「来日の目的は何か」

「来日に費やした費用はいくらであったか」

「誰が、その費用を負担したのか」

「来日に費やした日数は何日であったのか」

「来日に至る航路はどのようになっているのか」

「途中の海洋、島々、国々の様子を示せ」

「世界はどのようになっているのか」

「お国のイタリアはルソンよりも遠方になるのか」

「お国のイタリアは地球のどのあたりにあるのか」

「なんと、地球は球状になっているのか」

「お国での医術はどのようなものか」

「飛び道具、すなわち、鉄砲、大砲の威力はいかなるものか」

「戦いの船、つまり、戦艦の装備にはどのようなものがあるか」

など、訊問は多岐にわたった。そして、おぼろげながら、この男の背後にある西洋の進んだ文明を耳にするのである。


キリスト教の布教が目的であることは、怜悧な白石にとって自明の理であった。しかし、この宣教師と称する男、その該博な知識から物事を聞き出せば、世界の現状が次第に明らかになる。

こんな時、ローマ・セミナリオで学んだシドッティの学問が白石の心を魅了する。

神学、哲学、数学、天文学、地球学、航海術、医術、修辞学などが、言葉のはしばしや、その場その場での行動が、白石を驚かす。海上で六分儀を使い、水平線上に出た太陽の高度を測定し羅針盤と航海地図を参照して、船の現地点を測定するなどの手順を示したりするのである。文明の燭光すら見えていないわが日本にとっては驚嘆すべき技術だったのだ。

白石とても凡庸な武士ではない。

宗門奉行横田備中守によって、選びに選ばれた選良である。頭脳明晰、合理的思考にたけた人物である。シドッティも、白石の卓抜さを寸時で見抜いていた。これだけの博覧強記の人物であればキリストの福音を理解できないはずはない。あわよくば白石にキリスト教を説き、受洗させることができれば江戸幕府における布教の糸口がつかめるかもしれない。シドッティの福音宣教への情熱が自ずから湧き上がってきたに違いない。ところが、白石もさるもの、シドッティとのやり取りの間に少しでもキリシタン話の切り込みがあると察知すると、実に巧みに話題を転換し、福音宣教のチャンスの芽を摘み取るのであった。白石にとってはシドッティから、見知らぬ世界、広大にして文化の香り豊かな西洋の知識がほしい。

シドッティはシドッティなりに、忍耐強く、信仰宣言の機会を待った。この機知と怜悧な頭脳の持ち主、新井白石にキリストの道を説かねばならない。

何回かの問答を重ねるうちに、この両人の心は相通ずるものがあったはずだ。

「人物、人物を知る」である。しかし、白石は、ここ切支丹屋敷はあくまでも幕府の法の律する場であり、宗門問答の場になることだけは避けた。

それにしても、この訊問は豊かな副産物を生んだ。シドッティが言を尽くして、キリスト教が決して植民地建設の尖兵の役割を担ったのではないことだけは、はっきりと説明し、白石を納得させたことである。

さて、この訊問は単なる知的遊戯の場ではない。白石としてはこのキリシタンなる不埒な教えをもち込もうとする試みを厳格に裁かなければならない。しかし、白石はこのシドッティという男の命を惜しんだ。そこで、三つの選択肢を考えてみる。

一．国外に追放する。よくいえば本国に送還する。

二．国内にとどめ置くが、宣教を赦さず、一カ所に幽閉する。

三．キリシタン宣教の罪で断罪、処刑する。

白石とて、宮仕えの身、独断は許されない。しかし、上司に対する提言はできる。彼は、以上の三点を提示したうえで、第二案を採用するよう上司に提言する。

生かして宣教を禁ずることは本人にとって、生かさず殺さずの、生殺しといえるものだ。だが、この男を殺すにはあまりにも、口惜しい。

この頭脳の冴えにもかかわらず、少しも驕ることなく徹底したシドッティの謙虚さであった。長時間にわたる訊問に対しても姿勢を崩さず、柔和にして穏健な態度は、この人物の並々ならぬ精神鍛錬を思わせるものがあった。白石のシドッティに対する気持ちは、強い好意に変わった。この男を死なせてはならない。生かして、このまま、百の問答を繰り返すことだ。

その結果、西洋の実情がわかり、その文明の度合い、科学技術の進歩などが明らかになる。この書き取った膨大な知識が新井白石の『西洋紀聞』となるのである。

幕府としては、第二案を採用することとなる。つまり、シドッティを茗荷谷（いまの小日向）の切支丹屋敷に幽閉することにした。しかも、幽閉とはいえ、囚人的な扱いではなく二〇両五人扶持という破格の待遇で軟禁されたのであった。この屋敷には長助、はるという老夫婦がシドッティの監視役、兼世話役として与えられた。この夫婦の親はキリシタンで処刑され、子供のころからこの屋敷に住むことを赦されていた夫婦だった。

監視役とはいえ、世話を続けているうちに長助夫婦は、シドッティの唱えるキリストの愛、その教えに次第に傾斜していった。監視役が、逆に幕府から監視される状況が生まれる。しかし、この夫婦は処刑を覚悟のうえ、シドッティ神父から晴れて洗礼を授けられる。

「汝、もし全世界をもうくとも、魂を失わば、何の益かこれあらん」（マタイ16・26）

教皇クレメンテ一一世からの全ヨーロッパ的期待を背負わされて、はるばる日本にやってきて、福音宣教はおろか、茗荷谷で犬死のような生涯を終えたシドッティ神父、その戦果はわずか、長助夫婦の洗礼でしかなかった。

しかし、このことを長助夫妻が告白したために、シドッティとともに、屋敷内の地下牢に移される。シドッティは一〇カ月後の一七一四年一〇月二一日に衰弱死した。四七歳であった。

ところで、この身分の低い夫婦を天国に送る算段をしたということは、日本全国の布教にも勝るとも劣らない偉業を達成したことになる。神の思いは、人間の小賢しい頭では推し量ることのできない深淵にあるのだ。

第二章　日本史に輝くカトリックの聖者〈発展期〉

一・幕末、明治の黎明期に登場したプチジャン司教とド・ロ神父

世界宗教史上の奇跡

「ワレワレノムネ、アナタノムネトオナジデス」

見ると、一人の中年女性である。年のころ四〇代か五〇代だろうか。プチジャン司教は一瞬、耳を疑った。

先ほどから、ここ長崎大浦天主堂の前を十数人の農民風の男女が行きつ戻りつしていた。単なる旅行者か、また、嫌がらせのやじ馬かとも思っていた。その群れの中から一人、飛び出したように、訴えてきたのだ。

「ワレワレノムネ」、つまり私たちの心の底にあるもの、「アナタノムネトオナジ」、すなわち、あなたの信仰する心と同じものだ、という。

プチジャン司教は一瞬「まさか」とも思った。しかし、あるいは、「まさか」が間違いかもしれない。

それは、この二五〇年、親から子に、子から孫に、密かに、しかし、確実に伝えられてきた信仰なのかもしれない。プチジャン司教はその女の目から、真摯な、そして、訴える

ような光を見てとった。

「サンタ・マリアノゴゾウ、ドコ?」

　この言葉に、プチジャン司教は確信した。聖母マリアは同じキリスト教でも、カトリックでしか崇敬はしない。カトリック教会であることを彼女たちは確かめようとしていたのだ。キリシタンだ。隠れキリシタンに違いない。司教は全身、電撃に打たれたような感動を覚えた。

　そもそも、プチジャン司教の属するパリ外国宣教会は日本とアジアの宣教のために設立されたものである。一八六三年、最初は同会のフューレ師が長崎へ来た。その二年後、一八六五年、フューレ師によって、長崎の大浦天王堂が建立されたのだった。そしてプチジャン司教は、日本宣教への第一陣としてやってきていたのだった。彼はまた、来日以来、禁教令解除を明治政府に強く働きかけた司教でもある。そして、キリシタンの残り火に出会える日を、密かに、待ちに待っていたのだった。

「あなた方はどちらから?」の質問にも、もどかしそうに、彼女は切り出した。

「私どもは、浦上の者です。浦上はみなキリシタンです」

　そのまさかが、ほんとうだったのだ。

待ちに待った。待った。待った。きっといつかは、その信仰の残り火が私の前に輝き出してくるはずだ。それはフランスを後にした時からの確信でもあった。飛び上がるような喜びに胸をいっぱいに膨らませてプチジャン司教は、彼女と連れの者たちを聖堂内に導き入れた。そして、聖母マリア像を示し、跪いた。この群れも一斉に跪く。

「めでたし、聖寵みちみてるマリア……」

天使祝詞だ。もうそれからは、お互いが堰を切ったように、語り、祈り合った。長い間、捨て忘れていた子供が、親を慕って帰ってきたのだ。哀れな子供、その子供を待ちに待った親、特に母親の気持ちだ。

落成したばかりの大浦天主堂で、一八六五年三月一七日、それは、お昼前後のこと。キリシタン禁制後、二五〇年を経て初めて掘り出されたキリスト教の残り火だったのだ。あとからわかったことだが、かの口火を切った女性はイザベリナ杉本ゆり（五二歳）であった。

まさに世界宗教史上の奇跡ともいうべき一瞬だったのだ。まだ、江戸城が開城され、五箇条の御誓文が発布される明治維新、三年前のことであった。

大起業家ド・ロ神父の出現

ここは長崎県外海《そとめ》町の出津。西彼杵《そのぎ》半島の西岸、対面に五島列島、その先は対馬海峡だ。山があり、海がある。されば、半農半漁と思うかもしれない。しかし、この土地はいったい何か。痩せている。小石がゴロゴロだ。作物はできない。海に面している。だが、その海へは急傾斜の土地だ。

長崎に行くにも、佐世保に出るにも、山、また、山を越えなければならない。陸の孤島だ。さもありなん。キリシタンが幕府の迫害を逃れて、辿りついた土地だ。キリシタン禁制に狂奔する役人たちから、逃れ逃れてきた土地なのだ。まさか、ここまでは追って来ないだろう、との思案の果ての土地なのだ。

プチジャン司教によって、ド・ロ神父がこの地に派遣されたのは一八七九年、かの西南戦争のわずか二年後のことだった。まだまだ日本の一般庶民の生活は極貧状態だった。しかも、この辺境の地である。宣教よりも、まず、この土地の人々の肉体、寿命を優先すべきだと考えた。食べるようにしなければ、精神生活も充実しない。

飢えていては福音に耳を傾ける余裕などはない。この人たちをまず、食べさせることだ。このような状況においてこそ、ド・ロ神父の天才的ビジネス感覚が生かされるのだ。プチジャン司教によって、こんな僻地に飛ばされたと、みなは思うかもしれない。そうではない。プチジャン司教は彼の進取の気性、パイオニア・スピリット、そして、創造的才能を見抜いていたからこそ、ド・ロ神父を選んだのだ。ド・ロ神父にとっては絶好の任地なのだった。

ド・ロ神父はまず、青少年の教育を手はじめとした。この辺境の地でも、開拓次第で新しい天地が開ける。それには、未来を担う青少年の意識改革である。

長い間、幕府から付け狙われ、また明治政府になってからも迫害は絶えない。この精神的物質的プレッシャーから、彼らには被差別意識が根づいている。そのうえ学習の経験がないから、文字が読めない。さらに卑屈感が加わる。この精神的桎梏《しっこく》を外し、未来に向けて目を開かせることだ。それには学校を建てることだ。その学校開設の具体的申請（私学校開設願い）を県知事に出したのである。一八七九年二月二三日のことであった。神父の助手中村近蔵を申請人とした。教則、授業時間、教員履歴などを記載しての申請であった。この中村私学の基金もド・ロ神父所有金（二四万フラン——日本の現在価値からすると約二五億円）からの支出であった。

フランス人神父として、自由・博愛・平等の近代的思想をもって外海地域の人々の社会的自立を目標に織り込んでの教育方針である。これから、ド・ロ神父の矢継ぎ早の事業が展開する。

一八八一年　青年教育所を開設
八二年　出津教会を建設（後に県指定文化財となる）
八三年　救助院創設――パン、マカロニ、素麺、織物などの事業をはじめる
八四年　外海の変岳裏の原野開拓
八五年　いわし網すき工場
　保育所を開設（後に県指定文化財、ド・ロ神父記念館）
　水車による製粉工場を設ける。砥石崎に防波堤を造る
　診療所を設け治療にあたる（腸チフスが流行していた）
八六年　長崎県北松浦郡田平、平戸の紐差へ村人を開拓移住させる
八七年　大村竹松郷に貧民救済のため土地購入。九一年赤痢が発生し流行、避病舎設
　置、青年救護隊を編成し診療、治療
九三年　大野教会建設
九八年　共同墓地新設
一九〇一年　変岳に農作業場を建設、茶園を開き農業を指導
一〇年　長崎大浦司教館の設計、建築監督をする
一四年　一一月七日逝去、出津共同墓地に葬られる

紆余曲折を経た数々の事業

このように列記してみると、すべてがトントン拍子に進んでいるかのように見えるかもしれない。しかし、パンや素麺一つつくるにしても、ともかく小麦を粉にしなければならない。現在のように小麦粉を買ってくれば済むという時代ではないのだ。小麦を粉にするためには製粉所が必要だ。その動力をどうするかが第一に問題になる。電気もガスも水道もないところからの出発である。そこで動力源としてはまず、水の力を求めることだ。つまり、水車小屋を造らなければならない。

では、川の水をそのまま利用できるのであろうか。何はともあれ、パンや素麺を製造する場所に近くなければならない。つまり、立地条件を設定し、そのうえで、最適場所を選定する。

では、水車小屋はすぐできるのであろうか。そう簡単にはいかない。その川の水を利用している流域の人々の了解を得なければならない。利害関係者に集まってもらい、食事でもてなしながら、説得をしなければならない。利害関係が複雑に絡む場合は説得に多くの時間と労力が強いられる。

場所造りというインフラの構築も必要である。その調査、整備、水車設備の設計、金策

（これもド・ロ神父のもち出しである）、施工、試運転、運転。そこで初めて、製粉作業がはじまる。さらに作業者の教育、それも、いまでいうＯＪＴ（作業を通じての訓練）――〝やってみせ、いって聞かせて、させてみて、褒めてやらねば、人は動かじ〟――である。

そのうえ、素麺の製造設備機械の選択、購買、設置、試運転、そして、ここでも素麺製造の手順書をつくり――、再び、〝やってみせ、いって聞かせて、させてみて、褒めてやらねば、人は動かじ〟である。

こうした事業がどれほど大変なものか。第一、この地域の人々は米すらも年に一度か二度しか食べられない極貧の人々なのだ。平生は芋を常食にしていたほどである。だから、パンにしても、素麺にしても日頃はお目にかかれない代物なのだ。

それをつくるのだから、すべて、基本の基本からはじめなければならないのだ。

では、パンや素麺をつくっていさえすればいいのか。そのままでは、収入にならない。売らなければ現金になって戻ってこない。その販売までド・ロ神父の仕事だったのだ。長崎の外国人居留地まで出かけていき、売り込みをかけなければならない。もともと、非営利事業だから、豊かな儲けは見込めない。細々ながら微小スケールの拡大再生産ができるだけで満足しなければならない。

そもそも、本職はカトリックの神父、宣教師なのだ。何もないところからはじめるのだから、その苦労、難儀、疲労は並大抵のことではなかったはずである。パンと素麺だけでも、これだけの手順と苦労が付きまとう。したがって、一八八一年から一九一四年の逝去の日までの三三年間、考えて、考えて、考えて、働いて、働いて、働いて実現させるのである。

その範囲も、教育、食品、農業、繊維、漁業、土木（水道工事、漁船接岸工事、道路工事など）、建設、医療など多岐にわたる。

たまたま、ド・ロ神父が貴族の出で、二四万フラン、父親からの出資があってこその実現ではあったが、そのすべてを使い果たし、そのすべての才能を傾注し、村おこしに心血を注いだのであった。また、腸チフス流行の時は自らも、腸チフスにかかっているのだ。

では、福音宣教のほうはどうだったのであろう。つまり、本職はどうなったか、である。彼は、前述のように、そもそも、パリ外国宣教会の正規の司祭、神父として日本にやってきたのだ。第一の任務は福音宣教である。

ご安心願いたい。彼の外海の住民に対する慈愛と献身は、カトリックがいかなるものかを、知らしめるに十分であった。それに、貧しいとはいえ、隠れキリシタンの子孫である。「沖に見えるはパーパの船か。丸に、やの字の帆がみえる」と先祖代々、夢にまで見てきた時代である。そのパーパ（ローマ教皇）から派遣された神父が来てくれたのである。隠れキリシタンの子孫である彼らが、小躍りしないはずはない。

サポートした日本人の素晴らしさ

ここで、私は考える。たしかに、ド・ロ神父の事業的才覚は素晴らしい。しかも、カリスマ的リーダーシップがある。彼の指導者としての情熱が周囲の人間に伝染するのである。だから、これだけの大事業は、それをサポートする人々、つまり、多くの日本人信者がいてこそ、可能になったものであろう。

ド・ロ神父はそのことを十分に心得ていたのだった。人材の最高度の活用である。たとえば、救護院の創設にそれをみる。この狭隘で痩せた地に人々はひしめき合っていたのだ。痩せた地には食料がない。それに、夫の漁師を海難事故で失った寡婦がいる。また、仕事のない女性も、空き腹を抱えている。そのために、修道院に隣接する救護院で女子には簿記会計、算術などを習わせ、各種の仕事につかせたりしたのだ。若い男子には農業の基礎を学ばせる。地質の検査の仕方、肥料の与え方、種の蒔き方、間引きの仕方、除草、除虫の仕方、収穫の方法などを徹底的に教えるのだ。驚くなかれ、なんと、ド・ロ神父自身が、農業を独学で習得していたのである。

では、ド・ロ神父はどのような生まれであったのだろうか。

貴族の子として生をうけたド・ロ神父

一八四〇年三月二六日、マルコ・マリ・ド・ロは北フランスのヴォスロール村で大変裕福な貴族の子としてこの世に生をうけた。父のノルベール・ド・ロはナポレオン皇帝に仕えていた高位の家来の家系であり、広大な土地をもっていたが、パリの虚飾に満ちた社交界を嫌い、この地で農園を耕して暮らしていた。だが、父ノルベールは貴族としてのノブレス・オブリージュの掟は厳格に守った。そもそも、ノブレス・オブリージュとは直訳すると「高貴さは（義務を）強要する」を意味する。日本では「位高ければ、徳高きを要す」という精神に該当する。

ところが、父ノルベールのノブレス・オブリージュの意味は、華やかさや誇らしげな環境の中でのノブレス・オブリージュではなかった。彼は、子供たちに腕に技能をつけさせることで社会に貢献することを求めた。したがって、幼少から大工、鉄工、塗装、石工など、職人が受けもつ分野での貴族的義務を躾けたのであった。当時としては独特の慧眼の持ち主であったことを示している。この父の薫陶を、お茶目ないたずら坊主だったマルコ・ド・ロが素直に受けて青春時代を過ごした。これが、長崎外海での大活躍の土台となったのである。

二二歳になった年の九月、マルコはさらにパリにある外国宣教会の神学校に入りなおす。ここで、将来、外国での宣教を志すのだ。

厳しい学業と精神の鍛練を受ける。そして、一八六五年六月、はれて、司祭に叙階されたのだった。その後、医療や社会福祉関係の仕事に携わり、後に医療活動の大きな助けとなるのだった。また、いつの間にか石版刷りの技術まで習得していた。

そして、前記プチジャン司教がローマの会議に出席し、その後、パリ外国宣教会にたちより、印刷のできる神父を探していた時、ド・ロ神父に運命的に出会うのである。明治元年（一八六八年）の春のことであった。

二、浦上四番崩れでも屈しなかった高木仙右衛門、そして岩永マキ

江戸時代も続くキリシタン弾圧

幕末から明治維新にかけてのキリシタンの運命ほど翻弄されたものはない。江戸幕府のキリシタン禁制は、まだまだ続いていたし、むしろ、過酷さが増していたようである。キリシタンは邪教であり、時に妖術を使う不気味な人間であり、否、人間というより非人扱

いであった。

キリシタンは動物並みの扱いだった。点呼をとるのに、一匹、二匹と数えていたのだ。一八六五年の大浦天主堂でのキリシタン発見という感動的事件のあと、状況は好転したのだろうか。残念ながら、迫害はますますその激しさを増していったのである。

最初のものは一番崩れというものであった。崩れとは、江戸時代から続いていたキリシタンの地下組織による密告などによって指導者が逮捕され、組織が崩れることである。それが、一八六七年七月一五日未明、豪雨の中のことであった。浦上村、山里にある秘密の集会所がまず、襲撃された。その後、浦上村の総勢六八名（女性一四名を含む）が捕縛された。この者たちがわずか四八坪（一六〇平方メートル弱）の牢屋敷に閉じ込められるのだ。そして、一人ずつ取り調べられ、「転べ、転べ」と責め立てられるのである。

その中で浦上信者の総代といえる人物が高木仙右衛門であった。学問があるわけではない。むしろ、文字の読み書きもできない人物であったようだ。しかし、救世主キリストに対する崇敬と愛は半端なものではなかった。役人は時には「転べ」と恐喝する。また、別の時には「転びなさい」と耳元でささやく。転べば、悪くはしない。家にも帰れる。褒美ももらえる。子供たちにも会える、と誘うのだ。

こんな時、決然として、

「この世は、何もない空白の状態から、神様が天地万物のすべてのものをお造りになりました。私たち人間も神様によって、造られたものです。神様は私どもの親です。その慈悲に満ち満てる神様のほかは、信じることができません」

と、いい放つのである。

役人のほうは、仙右衛門さえ落とせば、後は雪崩のように、皆が転ぶ、と踏んでいたようである。奉行としては、仙右衛門を何とか懐柔しようとする。

「表向きは仏教に従い、ただ、心の中だけでキリシタンを信ずればよいではないか」

仙右衛門は、頑として口を一文字に結んだままだ。奉行のほうも次第に折れて、「お前の家だけ仏を拝まず信じなくてもいいようにしてやろう」とさえもちかける。

仙右衛門ははっきりと答える。

「心の中ばかりで信じることはできません。親兄弟や親戚、そして、仲間の皆からお許しがなければ私一人で決めるわけにはいきません」

ついには、

「お調べが続けば続くほど、ますます、私の信心は強くなるばかりでございます」

たとえ一命をなげうっても、棄教はしない。われわれの創造主であり、全能の神を裏切ることはできない、との決意が漲ってくるのだ。

役人どもからみれば、まさに頑固一徹と映るのだろう。
とにかく、先の六八人を含むこの第一陣の一一四人は、山口県の萩、島根県の津和野、広島県の福山に送られたのだった。

ところで、時代は急変する。なんと二六五年の長きにわたって日本国を支配してきた徳川幕府終焉の幕が下ろされようとしていたのだ。

〝宮さん宮さん、お馬の前にひらひらするのはなんじゃいな、あれは朝敵、征伐せよとの錦の御旗じゃ知らないか、トコトンヤレトンヤレナ〟、という官軍の歌とともに明治維新がやってきたのだ。

大政奉還、王政復古、天皇親政となった。時は一八六八年、五箇条の御誓文が発布され、一〇月二三日、明治政府が実現し日本は世界に対して大きく開国する時代を築くのだ。

また、前記プチジャン司教をはじめ、西欧各国がキリシタン禁制を解除するよう政府に強力に働きかけるのだ。しかし、表向き、その声に恭順しながらも、実態はあいかわらずであった。つまり、明治維新となっても、状態は変わらなかったのである。

浦上四番崩れ

というのは、浦上の人口三〇〇〇人がすべてキリシタンであったことが調査の結果、明らかにされたからである。

この勢力は明治政府にとっては侮れなかった。この宗旨を奉ずる者たちが、一致団結すれば何が起こるかもわからない。この者どもの結束の固さは尋常ではない。かつての島原一揆のようなものが再発したら目も当てられない。まだまだ、生まれたばかりの脆弱な明治政府だ。危険の萌芽はできるだけ、早いうちに摘み取っておけ、という気運だった。

一八七〇年になると、明治政府は神道を国政の基本とする。浦上全村の三〇〇〇人を巻き込む、いわゆる浦上四番崩れがおこる。この人々が全国の流刑地へと追いやられるのである。一月五日からの大移動がはじまったのである。

いまから一四〇年以上も前のことであるから、一般の日本人にとっては灰色の幕の彼方に消えつつある史実であるが、一宗教の迫害において三〇〇〇人を流刑に処するなどということは、世界でもその類例をめったに見ないことだったのであろう。

この中には、後にド・ロ神父の孤児や捨て子の救護活動で大活躍する女部屋のリーダー岩永マキも含まれていたのだった。

ついに、流刑の終わりが実現する。明治政府は諸外国からの度重なる抗議に抗えず、一八七三年二月二四日、キリシタン禁制の高札が撤去されるのだ。流刑地三八地区に流されていたキリシタンたちは、まず四月には和歌山から、八月には高知からというように、続々と浦上に帰ってきた。この「旅」に出た者を集計すると三三八〇人となった。流刑地で亡くなった者五六二人、前年回心して村に帰ってきた者一〇二二人、流刑地で生まれた者一七六人という結果だった。

これが現代であったら、損害賠償の訴訟が行なわれ、政府は膨大な賠償金を払わなければならなかったであろう。

もう一人の英雄、岩永マキ

この「旅」の最中、岩永マキは岡山から東に五〇キロ、瀬戸内海に浮かぶ無人島に流されていた。ここでは狭い小屋に一〇〇人が収容されて、毎日荒れ野の開墾に駆り出されていた。空腹を抱えたマキたちは海岸に下りて貝や海藻を拾って食べ、飢えを凌いだとされている。

一八七三年の七月、八月、福岡、佐賀、長崎一帯は暴風雨に襲われていた。そこに、赤痢が蔓延しはじめたのである。福岡だけでも八〇〇人の死者が出たといわれている。そして、長崎の海岸沿いの村々、さらに近くの島々を汚染しつつあった。その時、かつて、医療、福祉の面での経験のあるド・ロ神父が救済に乗り出したのである。ド・ロ神父を助けて患者の治療と介護にあたったのが浦上の乙女たちであった。薬を調合したり、患者の身の回りの世話をしたのだった。そして、その中心的役割を果たしたのが岩永マキであった。

マキは浦上四番崩れで、父と妹を死なせてしまった。帰郷したマキは母と兄弟を助けて父親代わりに働く。人の四、五倍も働く気丈な乙女になっていた。

彼女を中心として、守山マツ、片岡ワイ、深堀ワサの三人がまとまってド・ロ神父の指示に従って、患者の世話や汚染消毒、予防措置などをかいがいしくこなしていった。この乙女たちの合宿所が高木仙右衛門の家の納屋であった。だが、医療に大活躍したド・ロ神父も赤痢の犠牲者の一人に加えられたのだった。やがて、秋になって赤痢も次第に勢いを失い、ようやく終息をしたのであった。

しかし、一難去ってまた一難である。天然痘が襲ったのである。赤痢から漸く回復したド・ロ神父は、これも天命と感じて、薬箱を携えその救済に赴くのである。ここでも、マキをはじめ浦上の乙女がド・ロ神父に従うのだ。

この途上マキはタケという孤児を拾う。そして、わが子のように育てはじめる。この延長線上で、捨て子や孤児を拾いはじめるのだ。ド・ロ神父はまた、例の個人資金から農園を買ってマキたちに与える。マキはここで農園を営みながら、児童養護施設を広げていくのだ。

この乙女たちが中心になって祈りと労働の共同体を形成する。それが、「女部屋」のはじまり、そして浦上十字会のはしりになり、ついには「お告げのマリア修道会」という女子修道会になる。現在もこの修道会は多くの修道女を抱えて活躍中である。

ちなみに、マキがある新聞記者のインタビューに答えた記録が残っている。

「明治七年から今日までの三六年間、私たちの手で育てたのはよく覚えていませんが、ざっと五六〇〇人ぐらいと思います」

と、答えている。

それらの孤児のうち、マキが養子にして育てたのが二九四人、皆マキの戸籍簿に入れ、岩永の姓を名乗らせている。まさに長崎のマザー・テレサと称される所以である。

（参考図書：『外海の聖者ド・ロ神父』（谷真介著）。および、山川勝巳論文「幕末・明治維新に来日した一フランス人神父の事業経営の研究」）

三．ハンセン病患者とともに歩んだ井深八重

名家の才媛を襲った難病

御殿場《ごてんば》市神山《しこうやま》の閑静な墓苑の一角に、日本初のハンセン病の療養施設である神山復生病院で亡くなられた患者、医療関係者、聖職者のお墓が並んでいる。その中に、直筆の文字で「一粒の麦」と墓碑銘が刻まれたお墓がある。このお墓に埋葬されているのが、神山復生病院でハンセン病者の看護に生涯を捧げた井深八重だ。

当時は、日露戦争が大勝利に終わり、日本の国威が万国に行き渡ったころ、欣喜雀躍の国民で沸き立った時代であった。その殷賑《いんしん》とは裏腹に、神山復生病院に一人の若い娘が送られてきた。井深八重、二二歳である。

京都の同志社女学校を卒業後、長崎で英語教師をしていた才媛なのだ。彼女の若さにもかかわらず、その顔は絶望で青白く沈んでいた。花も恥じらう結婚適齢期、しかも、縁談がはじまろうとしていた矢先、彼女の顔や体のそこここに赤い斑点が染みだしたのだ。しぶしぶ、病院の検査を受けたところ、驚くことに当時、恐れられていたハンセン病だったのである。

会津藩の老中井深家の血筋を受け継いだ井深家。しかも父は国会議員、井深彦三郎、明治学院総理の井深梶之助は伯父。ソニーの創始者井深大とは遠縁にあたる。いわゆる名家の出である。世間に知れたら一族郎党につながるゆえに、世を捨てなければならなかった。八重はまったくの秘密裏にこの神山復生病院に送られてきたのだった。しかも、戸籍すら抜けさせられたのだ。絶望のどん底、いくら泣いても恨んでもこの業病からは、逃れられない。

この世の誰からも顧みられない娘、死刑の宣告をこの若さで受けてしまった八重。まさに、天国から奈落の底に突き落とされたのだ。「どうして私が……」「なぜ私だけが……」「私がどんな悪いことをしたというのでしょう」――いつも、気立てのよい器量よし、と周囲から褒められ、同僚からも愛され、多くの若い男たちが憧れの視線を投げかけていた美女。「その私がなぜ、この惨たらしい地獄を味わわねばならないのか」「神も仏もあるものか」――昨日まで温かい眼差しを送ってくれていた親、兄弟、親戚、友人までが遠ざかっていく。

この恐怖、この自己嫌悪、この絶望感。いっそ、リスト・カットか、縊死か、屋上からの墜落死か。そして落ち行く先がハンセン病院とは……。これを呪わずして何を呪えるのか。

放心状態のまま復生病院で数日を過ごした八重の目に映ったのは、園長のドルワル・ド・レゼー神父の献身的な姿だった。常に笑顔を絶やさず、ハンセン病患者の患部に直接素手で擦り、励ましている。

その姿を見つつ、八重はまた、不思議な感情をもつ。この人は……、この外国人は……、なぜ、縁もゆかりもないハンセン病患者に接しているのか。自分が感染することを考えたことはないのか。

最も感染の恐れがあるとされていたハンセン病患者の皮膚に自らの手を差し伸べている。そして、優しく撫で擦っているのだ。怖くはないのか。危険がわかっていないのか。

八重はこの外国人宣教師の姿を目撃して、この人の背後に働く考えは何か。何がこの外国人を突き動かしているのか。すぐにはその謎がわからなかったし、また、わかろうともしなかった。

まず、自分の不運を嘆いた。しかし、絶望の日々を送りながら、八重はこの人の背後にある偉大なる何かを知ろうとした。彼の姿は神の化身のように見えたのだ。

この時期、彼女の耳にささやかれた神の言葉はきっと次のようなものではなかっただろうか。

「あなたは私（ここでは神）の被造物でもなく、私の下女でも、僕でもなく、私の友と呼んでいる。そうだ。さらにそれ以上のものである。あなたは、私の兄弟、姉妹、私の母である。私の父の御心を行なう者は皆、私の兄弟姉妹、私の母である」

キリスト教の説く神は、愛の権化ともいうべきものであった。この教えは彼女の人生観、価値観を一八〇度、転回させたに違いない。

八重は比較的軽症であったので、患者のままではいたたまれず、神の愛に応えるべく、夢中で看護婦の勉強をはじめ、その資格を獲得する。それからの彼女はレゼー神父の手足となって、働きはじめる。その日々の内にカトリックの勉強をはじめ、ついに洗礼を受けて、クリスチャンの一員に加わることとなる。

そうこうするうちに二年が経ってしまった。不思議なことに八重の病状は悪化せず、いつの間にか赤い皮膚の斑点が消えはじめていたのだった。

不思議な念に打たれながら、東京の病院で再検査をすることになった。なんと、彼女のハンセン病は誤診であったのだ。

誤診とわかったのに、なぜ病院に居続けたか

この事実は彼女に大きな安堵を与えた。これでいよいよ世間に大手を振って帰還できるのである。本人以上に喜んだのは、レゼー神父だった。早速、「よかったね。新しい生活ができますね。東京の家族のもとに帰りなさい。みんな、喜んでくれるよ」とのお勧めである。

ところが、彼女の心境は逆のほうに動いた。世間には帰らず、レゼー神父の下で後世を

捧げたいといい出したのである。

彼女は何事もなかったかのように翌日から相変わらず看護婦として、働き続けるのだ。いままで一緒の運命をともにした患者は彼女にとって、同志であり、友であったのだ。この共闘した友を見捨てるわけにはいかないのだ。この献身の源になったのはカトリックの信仰だった。彼女はその手記の中で次のように語っている。

「思えば恩師レゼー師には大正九年から昭和五年までの一一年間お仕えしたことになります。悲しみのどん底からこの私を救い上げて人生の意義を説き永遠の真理に向かって生き抜くことこそ聖旨の道であることを教えられ、その道に励み続け、ただ、今日一日を大切にと努めてまいっただけの私であります」

み摂理のままにとおもいしのびきぬ
なべては、ふかく胸につつみて

神山復生病院における彼女の隠れた献身は多くの人々の敬愛するところとなり、いろいろな方面からの協力が寄せられ、その功績に対する顕彰もなされた。

ヨハネ二三世教皇よりの「聖十字勲章」「朝日社会福祉賞」「フローレンス・ナイチンゲ

ール記章」等々だ。日本女性の誇りともいうべき井深八重のカトリック看護婦としての思いは彼女が作詞し、いまも歌い継がれている「日本カトリック看護協会会歌」に凝縮されている。

一、神の御声のおん召しと
みとりの友ら集いきぬ
御教えの法胸深く
病む友人に仕えなん

二、力は小さくよわくとも
希望の光かかげもち
心ひとつに手を結び
愛のみわざにはげまなん

三、すがしく広き大空の
結ぶ世界の果てに病む

声にこたえて主によりて
御母の援け祈りつつ
祈りつつ

彼女はその後日本カトリック看護協会初代会長に推挙される。一九八九年、八重は九一歳の天寿を全うした。

四．日本のハンセン病と闘った俊才、岩下壮一神父

カトリック神父の道を選んだエリート学生

既述の井深八重の奉仕と前後して神山復生病院にやってきたのが岩下壮一神父だった。

岩下壮一は明治二二年（一八八九年）九月一八日、北濱銀行頭取や箕面有馬電気軌道、大阪電気軌道などの社長であった素封家、岩下清周《きよちか》の長男という恵まれた家庭に生まれた。

壮一は長じて、東京大学で哲学を学び、卒業後、当時の文部省の在外研究留学生として、パリへ留学する。学者として将来を嘱望されていた。ところがその留学先から父に手紙が

届いた。それを読んだ父は次のように語ったそうである。

「今日は実に愉快でな。息子から手紙が来たよ。こういっていた。自分はこれまで学問の道を歩いてきたが、今後は精神界に身を委ね、思想の善導に微力を捧げたい。要するにカトリックの坊さんになるというんだな。わしはいってやった。大いによろしい。それなら、日本にはハンセン病患者が多い。この方面に尽くせとね。その返事が今日到着した。尽くせるだけ尽くします。こう書いておった」

栄誉を捨て、ハンセン病患者の救済の道へ

せっかく、欧米に留学しその秀英を謳われ、教授の席も用意されていたが、一九二五年、司祭に叙階された彼は、生涯をカトリックの一司祭として司牧、宣教、そして、学究に捧げることを決意したのであった。

一九二五年といえば、東京放送局ラジオ放送が開始されたころである。まだまだ、大正末期、日本文化の黎明期であったといえよう。

試みに、大正末期の年代史を繙いてみると、一九二五年は、治安維持法が公布され、官公立中学校では、軍事教練が実施された。富国強兵への国策が着々と進みつつあった。また、第二次国勢調査が行なわれている。大日本帝国の人口は約五九七四万人となってい

た。二〇一二年現在の人口の約半分である。またこの年、東京山手環状線の運転が開始されている。鉱石ラジオが一〇円で売り出された年でもあった。

彼はその大正から昭和初期にかけて、日本のカトリック教会の代表的存在として活躍したのであった。その卓抜した知性と宗教的情熱が彼をして『カトリックの信仰』『キリストに倣いて』『信仰の遺産』『アウグスチヌス神の国』『遺訓—日本神学生に贈る』などの不朽の著書を世に遺した。

彼の優れた論説を『カトリックの信仰』の一節から引いて、その稀有なる哲学的論調に耳を傾けてみよう。人間の創造についての記述である（原文のまま）。


「神、土の塵をもって人を造り、生気《いのちのいき》をその鼻に吹き入れたまへり。人即ち生霊《いけるもの》となりぬ」（創世記第二章七）。「神その像《かたち》の如くに人を創造《つくり》たまへり」（創世記第一章二七）。

この単純素朴な創世記の叙述は土の塵、すなわち物質から造られた人間の肉体が、いかなる過程を経て完成されたのであろうとも——カトリックの信条は聖書同様、それが完成した形において直接に創造されたか否かについては明言しない——人間の品位は彼が神の像に基づくことを教える。フランツ・ザウィキのいうように「人間の肉体が禽獣的階梯を経て現在の形を具ふるに至りしや否やのごときは、道徳的宗教的には無意義である。

聖書は人体が神により、土よりつくられしを物語るが、それは必ずしも人体がより低級な生物的階梯を経過してきたことを除外しない」（『キリスト教の真理』第二版159ページ）。

われらはみな母の胎内において驚くべき複雑な、かつ微妙な成育の時期を経て、はじめて天日を仰ぐにいたりし所以を思い、かつ地球の表面にある相異なる諸人種、諸民族がことごとくただ一対の祖先から出でたことをキリスト教が主張する点に鑑みても（それは前述のごとく科学的には肯定も否定もできないことなのである）、節度ある進化論と信条とが氷炭相容れぬものであるかのごとく考へることの如何に浅薄であり、かつ人体起原の生物学的説明によって人間の宗教的道徳的理想が覆されうると信ずることが、いかに哲学的素養の欠陥を暴露するかをも反省し得べきである。

昭和二四年ソフィア学院からの出版だけに、旧かな遣いで、文章が生硬であることは拭えない。また、少々わかりにくいかもしれない。しかし、当時の学生が師の教室における解説に酔ったことは容易に想像できよう。その間、たとえ話や、エピソードの描写が実に見事で、きっと拍手が起きたに違いないと思うほどだ。

さて、ヨーロッパから帰国後、教鞭をとっていた岩下が御殿場の神山復生病院院長に選ばれたのは一九三〇年だった。

「彼にはもっと本領を発揮すべき場所も仕事もある」「ハンセン病院にはもったいない」という声が常に上がっていた。しかし、彼自身は前院長ドルワル・ド・レゼー神父から後を託したい旨をたびたび伝えられていた。同時に亡き父のあの言葉を思い出していたに違いない。

しかし、当時見捨てられたハンセン病患者の惨めさを見つめ、「ただただ、同情して涙を出しているだけじゃはじまらないよ。まず、それよりここで洗濯でも手伝うんだね」と自分にいい聞かせたのだ。

彼は、学者である前に、信仰による人類愛を固く胸に抱いていたに違いない。それはおそらく次のような思いであったのではなかろうか。

「幼子の顔、労働者や主婦の硬い手、お年寄りの曲がった腰、裕福な実業家やボロをまとった者など、そのおのおのの中に神なるキリストを認めよう。さらにそれ以上のことをしよう」

即ち人間の中にいるキリストを礼拝するのだ。被造物なる人間を礼拝するのではなく、被造物なる人間の中にいるキリストを礼拝するのである。

そして、躊躇《ためら》うことなく神山復生病院の六代目院長の仕事を選んだことになる。

就任の時、彼は「主イエス・キリスト、主は病める者、悩める者を特に癒し、これを慰め、愛したまいしにより、われその御跡を慕い、ここに病人の回復、憂き人の慰めなる聖母マリアのおん援けにより、わが身を病者の奉仕に捧げ奉る。この決心を祝し、末永くこの病院に働く恵みを与えたまえ」という祈りを捧げている。

その後、病院の経営と病者の介護に粉骨砕身する。

患者に生きる喜びを

病院の増改築、設備改善、運動所造りを手掛けた。患者の野球熱にも火をつけた。病を瞬時忘れて、ピッチング、バッティングに歓声を上げる患者の姿に喜びを感じたのだった。患者たちの信頼は日に日に高まり、彼は誰からともなく「おやじ」と呼ばれるようになった。

つまり、ハンセン病患者一人ひとりと向きあう仕事に挺身したのである。すべてを超えて彼の生涯を決定したのは見捨てられた者に対する愛の一語に尽きる。自らの著書にもあるように「キリストに倣いて」の一生であったといえよう。

彼は一九四〇年、一二月二日、五二歳の若さで帰天した。神山復生病院は、二〇一二年現在で一二三年目を迎える。

五．日本でも活躍したコルベ神父の教え

ユダヤ人迫害の恐怖

一九三九年九月、ドイツ軍がポーランドに進撃、チェコスロバキア、オーストリア、ハンガリーなど、次々と蹂躙し、第二次世界大戦がはじまる。ナチス・ドイツの権勢が全ヨーロッパに行き渡った。そのナチス・ドイツの全盛時代、泣く子も黙るヒットラー、その膝元で展開された世にも恐ろしくもおぞましいユダヤ人狩り。オシベンチェム（ドイツ名でアウシュビッツ）に収容され、ガス室に送り込まれた者数百万人というから、想像を絶する恐怖の巷であったに違いない。

貨物列車から、家畜のようにおろされ、収容所に並ばされた人々は二列に分けられる。多少、体力もあり、若さがあると思える者は左側に、老人、女性、子供、病人、そして、労働に耐えられないと思える者は右側に並ばされる。左の列の者は強制労働、右側の者たちは、死のガス室へ直行することになる。捕らえられたのはユダヤ人ばかりではない。体制側に反対、抵抗の可能性のある者、特にインテリ、学者、思想家、カトリック神父など

は容赦なく拉致され、拷問にかけられ、尊い命を奪われていったのである。

私はこのオシベンチェムに二度足を運んでいる。そこで、飢餓室なるものを目撃することができた。コンクリートの箱状の部屋である。立つと頭がつかえる。横になると足を伸ばすことができない。実に窮屈な狭い部屋である。ここが、かのオシベンチェムの勇者、マキシミリアン・コルベ神父が生涯を終えた部屋なのである。

話はこうだ。収容所ではクロスという囚人が脱走した。収容所長はその面目にかけて狂ったようになって捜索隊を出した。車、オートバイ、犬を総動員して、周囲五キロ範囲を徹底的に捜索した。しかし、クロスの痕跡すら発見することはできなかった。

収容所の三七〇人に集合命令が出た。灼熱の太陽の下、すでに四時間も立たされていた。特にクロスが属していた一四aブロックの囚人たちに対する憎悪を込めた監視の目は光っていた。緊張と極度の疲労で失神の一歩手前までに迫っている囚人に対して、収容所長は容赦なく、どすを利かせる。

収容所長の恫喝

「お前たちの親愛なる仲間、クロスも随分なめたまねをしてくれたものだなあ。この収容所は団体責任を掟とする。クロスの脱走が、お前たちの不幸を招いているのだ。もう食事も水も与えない。お前たちが、どうかクロスを見つけて、連れ戻してくれと哀願するまでこの状態は続く。

われわれがクロスを発見しない時は、選抜が行なわれる。明日の夕方だ。君たちは私が前回の逃亡事件に際していっていたことを覚えているだろう。逃げおおせた囚人一人に対し飢餓室に一〇人を送り込んでいく。同ブロック内から一〇人、一人につき君たちの中から一〇人だ。多分君たちは逃亡の試みが、残される君たちにとってほんとうに価値があるものか、十分に計算し、分別ができるだろう」

飢餓室――それは、想像するに恐ろしく惨い体罰なのだ。飢餓はひどい。のどの渇きもそれに伴ってひどい。何日もかかって、ゆっくりと断末魔の苦しみに入るのだ。内臓は干からび、血管は火のように焼け、脳の機能は減退し、止まる。狂気が動物のように人間の中に深く忍び込む。

約束どおり、翌日も集合がかかった。今回はクロスを出した一四aグループのみである。五十数人の囚人たちは空腹、飢餓、疲労、恐怖、不安で顔面蒼白である。収容所長のいわゆる選抜の網にかからないように、全員うつむく。所長と視線を合わさないよう命がけの沈黙であり、息を殺した遮蔽なのだ。

一人ひとりに対して、所長の鞭が飛ぶ。名指され、選抜された囚人の絶望的な叫びが、残る者の恐怖を呼び起こす。

マキシミリアン・コルベの肩越しに一人の囚人が選ばれた。見れば、ポーランド軍の下級将校である。

「しかし、私には妻があり、私の子供たちが……そんなことはできないでしょう。そんなことは許されません」

全身を震わせ必死になって、訴えている。

「どうか容赦してください。私はあなたに何もしていません」

この哀願を許すほどナチスはヤワではない。第一、一人の哀願を許せば、残りの全員の哀願を受け入れねばならない。そんなことはナチスがキーワードとしているドイッチェ・オルドヌング（ドイツの秩序）の前にまかり通ることはありえない。

収容所長は皮肉な笑みをたたえながら、それを無視して、退場しようとする。その時、彼の前進を阻むかのように一人の男が前に出た。

見るとマキシミリアン・コルベである。

静かなる身代わりの提案

彼はまず、囚人帽をとって、慇懃に頭を下げる。

「彼の代わりになりたいのですが」

彼は小さな声で片言の、しかし、十分に理解できるドイツ語でいう。選抜者は不意を衝かれて一瞬絶句する。

「彼には妻と子供がいます。許してやってください。私が代わればよいでしょう」

「お前は誰だ」

「マキシミリアン・コルベと申します。カトリック司祭です」

「なんだ、ポーランドの豚が何をしたいのだ。何をたくらんでいるのか」

所長は心中で呟く。

マキシミリアンは、所長のそばに進みより、さらに執拗に懇願する。この神父こそ、誰あろう、わが日本の長崎で若き日々を宣教に捧げたマキシミリアン・コルベ神父であったのである。

所長は、彼ら一人ひとりにつき、生殺与奪の権限をもっている。彼ら囚人に対して、なんでもできるのだ。殴る。殴らせる。往復ビンタ、銃殺、磔、絞首刑、なんでもござれだ。「この俺に対して死をも恐れないこの図太さはいったいなんなんだ」

マキシミリアンは、あどけない子供のような表情を浮かべて彼の前に立つ。かすかに微笑すら浮かべている。

「わかった」

彼は一言、そういってその場を去って行った。

最後の一人マキシミリアン・コルベを含む死刑宣告を受けた一〇人は、それから飢餓室の住人となるのだ。

地下の独房である。二〇日間、水も食物の一切れも与えられなかった。先述したように、立つと頭がつかえ、横たわると手足が伸ばせない窮屈なコンクリートの箱なのである。薄暗く、湿っぽく、不潔な一隅に、神父は二〇日間、閉じ込められていたのであった。この劣悪な環境にもかかわらず、その体力、精神力ともに抜群のため、なかなか餓死しなかったのである。結局はナチスの軍医によって、注射で殺される結果となった。

ここに、キリストの聖句がある。

「私があなたたちを愛していたように、互いに愛し合うこと。これが私の掟である。友のために命を捨てる。これに勝る大きな愛はない」（ヨハネ15・12〜13）

コルベ神父の生い立ちと長崎での活躍

マキシミリアン・コルベは、一八九四年、ポーランドのワルシャワに近い街で織物職人の次男として生まれた。信心深い母マリア・ドムブロフスカの影響を受け、少年時代から聖職者を目指していた。小神学校に入ったが、生来利発であり、信仰心に燃えていたので、いつしかローマへ七年間、留学することが許される。留学中にすでに「汚れなき聖母の騎士会」を設立する。

ポーランドに帰った彼は、ニエポカラノフに「聖母の騎士修道院」を建設する。そして一九二二年、月刊誌『若き聖母の騎士』を創刊する。ポーランド全土からは彼の徳を慕って続々と修道志願者が集まる。一時は、世界有数の大規模修道院となり、修道士七〇〇人を擁するようになる。

一九三〇年、彼は東洋への宣教を決意する。わが国では昭和五年四月二四日のことであった。コルベ神父はゼノ修道士とヒラリオ修道士とともに長崎の土を踏んだのであった。その四カ月後、ミロハナ神父がやってくる。

最初の出発は酷い状態であった。貧しさの極限であったといえよう。ゼロからの出発である。そこで日本版『若き聖母の騎士』が創刊される。神父、修道士とも長崎の町へ出て街頭で売りはじめたのである。最初の日は二七〇冊売れたというので神に感謝したという。その後コルベ神父は、日本とポーランドを三回往復している。その都度、日本の修道院建設と運営のための基金を募集しての旅であったのだ。そして、最後に日本を発ったあと、すなわち一九四一年、ナチスにカトリック神父であるというだけで逮捕され、死の強制収容所、オシベンチェムに送られるのである。そして、先に述べたような若い兵士の身代わりとなって、従容として死出の旅路につくのである。それは一九四一年、聖母マリア被昇天の祝日の前日、八月一四日のことであった。

「他人のために命を捧げることほど、大いなる愛はない」とは、キリストの言葉である。コルベ神父の一生は、他人のために捧げ尽くす生涯であったといえる。戦前の長崎では、極貧の中で人々に食物を分け与え、瓦礫の中から、教会を建てようとし、多くの日本人に洗礼を授け、文字どおり粉骨砕身の日々を送られたのであった。コルベ神父の蒔いた種はいま、長崎の本河内の聖母の騎士修道院となり、また出版社「聖母の騎士社」となって、四五万カトリック信者の心のともしびとなっている。

ところで、かの若き兵士はどうなったのであろう。この人、ガイオニチェックさんは、スロバキアとの国境から近いキチの町に住んでいた。訪れた雑誌記者に対して、彼は流れる涙を拭おうともせず語る。

「コルベ神父様は、あの極悪非道のナチスに勝ったのです。彼は私だけではなく無数の人々の魂を救いました。愛こそが、悪魔の業を封じ、かつ克服することができるのです」

六．知的障がい者にキリストを見たフレデリック・ガルニエ神父

「この子には障がいがありますが、一点の罪もありません」

マザー・テレサが示した愛と同様の精神が、日本の天草に存在した。天草大江教会の司祭ガルニエ神父の愛である。杉原寛信神父が『カトリック新聞』に語ったエピソードを、要約してお届けする。

この大江教会にある日の昼時、知的障がいのある少年がぶらりとやってきた。ガルニエ神父は、貧しい昼食ではあったが、それを少年とともに分け合って食べた。これがきっかけで、少年はしばしば神父を訪れ、食事をともにするようになった。賄いの婦人が、あんなに行儀の悪い少年を招かなくてもと、額に皺を寄せたそうだ。

ある日、上長の司教が大江教会を訪れた。賄いさんは心を込めて御馳走をつくり上長をもてなしたそうだ。ところが、そこにあの少年がやってきて、その御馳走を手づかみで食べはじめたのである。これには司教も驚いて「こんな行儀の悪い子を放っておいていいのですか」とガルニエ神父をなじった。しかし、ガルニエ神父は次のように答えた。

「司教様、この子には障がいがありますが、一点の罪もありません。それに、私にとってこの子は、姿を変えたキリストなのです」

神父の言葉に、司教はそれ以上何もいえなかったという。マタイ福音書二五章四〇に次のようなキリストの言葉がある。

「はっきりいっておく。私の兄弟であるこの最も小さき者の一人にしたのは、私にしてくれたことなのである」

ガルニエ神父は、すべての人々に対して溢れるような愛を注いでいたのである。その神父が間もなく（一九四一年）、神のもとに召された。そしてその遺骸は、大江教会のほとりに埋められたのだった。

しばらくしてその墓地には、毎日のように訪れ墓石に抱きついて泣く、かの少年の姿があったそうだ。雨の日も、風の日も、雪の舞う日も。

マザー・テレサが、シスターたちに、

「ハンセン病患者さんの体に触れてやりなさい。やさしく撫でてやりなさい。それはキリストなのです。素晴らしい体験ではありませんか」

と諭したが、それと同じ愛がわが日本の天草にあったのである。

児童養護施設経営にも尽力する

ガルニエ神父は「五足の靴」に登場する。実は与謝野鉄幹の発想で、約一カ月の旅程で九州のキリシタン遺跡の一巡を試みる。同行者は北原白秋、吉井勇、木下杢太郎、平野万里など、当時、青雲の志をもった文人、詩人の団体である。その巡行記が「五足の靴」なのである。彼らの目的の一つが、実はガルニエ神父との回合にあったのだ。「五足の靴」からその部分を抜粋してみよう。

ガルニエ神父は土地の人々から「パーテルさん、パーテルさん」と呼ばれていた。大江天主堂に飯炊き男の「茂助（もおすけえ）」とともに住んでいた。案内を乞うと「パーテルさん」が出てきて慇懃に余らを迎えた。「パーテルさん」はもう一五年もこの村にいるそうで、天草言葉がなかなか巧い。「茂助善か、水を汲んできなしゃれ」と飯炊き男に水を汲んでこさせ、それから「上へおあがりまっせ」と懇ろに勧められた。

ガルニエ神父がいかに天草の土地になじみ、その人々を愛していたかがわかる。

ガルニエ神父が日本にやってきたのは、一八八五年である。わが国では太政官制度を廃して、初めて内閣が組織された年だ。天草、大江教会に着任したのは明治二五年（一八九二年）当時のことである。現在のように社会福祉など望むべくもなかった。そこでは孤児や未婚女性の出産した子供、極貧家庭で養育困難な子供たちが放置されていた。ガルニエ神父はこれを見過ごすことができなかった。彼は子部屋と呼ばれる児童養護施設を経営することになる。

もっとも前任のフェリエ神父の時代に開設していたものを、所在地の苦情を受けて場所を根引峠《ねびきとうげ》に移し三〇人の孤児を収容したのだった。学齢期になると約四キロメートルも離れた小学校へ通わせ、この根引峠の子部屋は明治四〇年まで一五年間続けられたのだった。もちろん、これらの費用はすべてガルニエ神父が負担したのだ。三〇人の孤児たちは神父を父とも母とも慕い、忘れがたい愛と苦闘と、成長の喜びの歴史をつくったのだった。

瀟洒な教会を私財で建てる

ガルニエ神父は三二歳で天草に来てから、一度も故国に帰ることもなく四〇年近くを過ごし七〇歳を超えていた。神父は、まだ元気なうちに新しい近代的な教会堂を建設するという宿願をもっていた。その計画には二万五〇〇〇円の資金が必要だった（いまのお金にして二億五〇〇〇万円ぐらいか）。このうち二万円は神父の私財を投ずることとし、五〇〇〇円は村の信者や他郷に出ている信者の寄付で賄うこととした。

しかし、内部の祭壇その他装飾や設備になお数百円の費用がかかることがわかり、神父の心痛は大変なものであった。だが、設計施工は当時教会堂建設の第一人者であった鉄川与助と決めていた。古い天主堂の西側に信者の奉仕によって敷地を開き、昭和七年（一九三二年）五月に起工式を挙げて建築着工となった。そして、昭和八年（一九三三年）一月に完成。同年三月二五日に祝別奉献されたのだった。この時の信徒数は八〇二人と記録に残っている。

天草に骨をうずめる

ガルニエ神父の足跡は彼の死後、建てられた銅像の碑文に簡潔に示されている。

「ルドビコ・ガルニエ神父様は一八九二年天草に赴任以来四九年、大江、崎津教会を兼任、後大江教会主任神父として、生涯を大江の地に埋められた。その間、私財を投じ大江天主堂を献堂し、住民に対しては信者未信者の別なく慈悲を垂れ、自らは弊衣を纏い、己を犠牲にしてキリストの愛を実践し、信仰の灯火を捧げてくだされた。この胸像は三〇年忌を迎えるに当たり、この偉大なるご功績をたたえ、ご遺徳をしのぶとともに後世にその面影を残し、信仰の精神振起にも資したいと念願し建立したものである」

昭和四六年一一月二六日と記されている。一八八五年に来日して以来、五六年間、弊衣を纏い、質素を旨とし、地元の人々に尽くしきった人生だった。

神父は、臨終にあたって、

「墓石は金をかけてつくるな。山石をもってきて置けばよか。墓をつくる金で、病人や難儀をしている者に与えてくれ。皆にたいそう世話になった」

と、いい残された。

しかし、信者たちは、神父のいうことならどんなことでも納得していたが、墓に関してだけは、神父の遺言を守らず、黒御影の立派な墓塔を建てた。その墓石には「汝等行きて万人に教えよ」と刻まれている。

七．スパイの嫌疑をかけられていたフランシスコ・マイエル神父

戦時下の布教

人には、不思議な出会いがある。一生の間の何千何万の出会いのうち、かけがえのない貴重な出会いもある。その出会いによって、その人生が一変することだってある。私にと

って、青年時代のイエズス会士フランシスコ・マイエル神父との出会いは、そのようなまたとない貴重な機会だったのである。

それは、わが国が太平洋戦争に突入した昭和一六年のことであった。真珠湾攻撃の大勝利で、日本全国は沸きに沸いていた時であった。そのころ、私の目についたのは、いつも自宅の前を颯爽と歩く一人の外国人宣教師であった。

黒いスータン（神父の制服）に白いローマン・カラーをつけて、ピンク色の頬と青い目をした中年のハンサムな宣教師であった。いつしか言葉を交わすようになり、また、近所のしもたや（商店でない普通の家）を教会にしていることもあって、出入りするようになった。しかも、筆者の姉がすでに、カトリックの修道女にもなっていたので、教会には最初から違和感はなかった。しかし、そのころわが国では「鬼畜米英」「撃ちてし、止まん」「欲しがりません、勝つまでは」などというスローガンが、横行していた時代だったのである。

同じ枢軸同盟を結んでいたドイツ人とはいえ、白人に対する残酷なまでの憎悪感に溢れていた時代であった。戦時中の地方都市、福山市だから白人は目立った。そのころの日本人には、敵国のアメリカ人も、枢軸国のドイツ人も同じような鬼畜に見えた。神父が外を歩けば、「スパイだ。スパイだ」と、ひそひそ話が背に浴びせられる。

「スパイだから、無線機をもっているのかもしれない」というのが常に執拗な嫌疑となって神父に付きまとっていた。その無線機で空襲するアメリカ爆撃機に連絡しているのではないか、というあらぬ疑いである。

恐ろしくも痛ましい白人敵視の日本で生き抜く

当時の教会にしばしば当番として、寝泊まりしていた私だから、その噂が根も葉もないことを知っていた。まさに荒唐無稽な邪推というものであった。福山市のカトリック信者は一〇人足らずだった。

小さい群れではあったが、毎朝、神父の捧げるミサには参加することができた。その小さな群れの中にある日、若くきれいな女性が求道者として参加しはじめた。少年だった私はその楚々とした美しさに憧れたものだった。

ところが、一カ月も経たないうちにその女性は来なくなった。あとでわかったことだが、彼女は特高警察のまわしものであったのだ。神に仕える神父がただ白人というだけで、これだけの嫌疑と迫害に遭っていたのだ。

しかし、マイエル神父はその程度のことには平然としていた。その代わり、わずかな数の信者のためには全情熱を注いで、キリストの愛を説き続けた。私の父は国粋主義者であり、神社神道の氏子でもあったから、キリスト教を嫌っていた。その父の目を盗んで教会に足を運ぶには、それなりの勇気を必要としたものである。しかし、その恐怖に打ち勝つほどの精神的衝撃を受けたのは確かであった。

というのは、マイエル神父は大学者だったからである。来日してすでに一〇年は経過していたはずであるが、日本の古典、『増鏡』を読みこなし、『平家物語』を朗々と暗誦していたし、オルガンの奏者としても第一級の腕前をもっていたからである。しかも、火を吐くようなキリストの教えは、当時の多感な青年であった私の心を捕らえて離さなかった。

「キリストは道であり、真理であり、生命である」

「悩み重荷を負える者よ、われに来れ、われ、汝を憩わさん」

生命の言葉が、次々と語られる。求道者は私一人だから、一対一の公教要理である。いまから考えると、贅沢な教育を受けたものだ。さらに、荻原晃神父著の『真理の本源』『沖天を衝くもの』、日本殉教者のことを書いた『鮮血遺書』などが手渡された。また、広島県の長束にある修道院の三日間の黙想にも参加することができた。ここでも、参加者は私一人である。指導者はのちにイエズス会の全世界の総長となったアルペ神父である。私のような無学の若造にこれだけの恵まれた学習経験が与えられたことは、まさに稀有のことではなかろうか。

戦争一色に塗りつぶされた日本であった。私とて、愛国心は人には劣らないつもりであったが、宗教のインパクトのほうがはるかに強烈であった。なぜならば、それは、人生の大疑問、「人はどこから来て、どこにゆくのか」「人生の意義はいったい何なのか」などに関わるものであったからである。

しかも、私にとっての衝撃は、マイエル神父の一生を独身で通す貞潔、私有財産を一切もたない清貧、いかなる場合でも、貧困、疫病、災害があれば、世界の果てであろうが、どこであろうが出かけていく博愛と献身であることなのだ。私は、そのことを目の前で、しかも四年間にわたって目撃していたのである。

だが、私がカトリックに心酔したことを知った父は、烈火のように怒った。

「お前はいつから耶蘇《やそ》になったのか!!」

「この聖戦の最中、陛下の下に一億総動員されている時に、何たる不届きか!!」

「キリスト教は敵国の宗教だ。すぐ止めろ」

だが、当時の私は屈しなかった。この苦難に満ちた時代、敵視されながらも、常に笑顔をたやさず、人々に親切であり、親しく神の愛を説き続ける姿。神父の日本に対する知識と愛と忍耐と勇気には心服していたからである。近くで目撃し続けた私にとって、これほど説得力のあるものはなかった。

当時はすでに食物も乏しかった。雑草の混じった黒パンをかじりながら、「これは、胃に鉛のようにこたえます」といっていたほどである。しかし、その乏しい食物の中から、私には精一杯のご馳走をしてくれたものである。

朝、起床して自身で蒲団をたたむ。そして、押し入れに入れる時に、「オップササイ」と音頭をつける。「ははあ、よっこらしょは、ドイツ語でオップササイというのだな」と妙に感心したことを覚えている。

それほど近くで神父の生活の一挙手一投足をみていたのだ。ドイツのカトリック社会と文化についても、話はつきることがなかった。

「日本では、子供を甘やかしすぎます。可愛い、可愛いでは、その子を傲慢にするだけです。ドイツでは、電車では、どんなに席が空いていても、子供には座らせません。少年時代の躾が大切だからです。ドイツでは、たとえば、子供が果物屋でりんご一個盗んだとします。その時、自分の子供でなくても、大人はその子を殴りつけます。子供は、ドイツの未来をつくる存在だからです。ドイツでは物を大切にします。私のベッドのシーツは祖父の代からのものだったのです」

マイエル神父もまた、祖国ドイツの愛国者だったのである。

日本と日本人に殉じた一生

昭和二〇年五月のことであった。この私にも徴兵令がやってきた。甲府の六三連隊への出頭であった。私は初めて、憧れの軍隊に参加することになった。もうそのころは、日本の戦線は疲弊のどん底にあった。

「天に代わりて不義を討つ、忠勇無双のわが兵は、歓呼の声に送られて、いまぞ、いで立つ父母の国……」

本来は親兄弟、親戚、近所の人々による華々しい出征の歓送会があるはずだったが、敗戦の色濃いそのころは、歓送も激励もなかった。

ただ一人、わずかな日用品を携えて車中の人になったのだった。列車が駅を出発した。マイエル神父はその列車の通過する踏切のところで、手を振って私を見送ってくれた。神父もただ一人黒いスータンに身を固めて、一人、踏切でたたずんでいたのだ。温顔に精一杯の微笑みを浮かべて。

席に戻った私は、込み上げてくる涙をどうすることもできなかった。私の前の席に座っていた老夫婦が独り言のようにつぶやいた。

「日本も、こんなに初々しい青年を徴兵しなければならない時代なんだな」

昭和二〇年、わずか三カ月の軍隊生活で終戦になった。私は焼夷弾で焼け野原になった福山に帰ってきた。そして、まずマイエル神父を捜した。

この貧窮と、苦難と、欠乏と、危険と、白人憎悪を生き抜いたマイエル神父は、一軒の農家の納屋に住んでいた。何はなくとも、膨大な書籍だけはもち込んでいた。神父の漆黒の髪は、もう真っ白になっていた。

いまから考えると、まさに二〇世紀の奇跡のような気がしてならない。終戦後のマイエル神父の活躍は、ゼノ修道士のそれに勝るとも劣らないものであった。東京足立区にクリスマス・ヴィレッジを開設し、貧しい戦争孤児たちを住まわせて、自動車整備工の資格をとらせたりした。

フランシスコ・マイエル神父は、一九八二年一月一二日、まさに日本の土に帰した。彼の一生は、日本と日本人に殉じた一生であったといえよう。

八．ああ長崎の鐘が鳴る、永井隆博士

この世の地獄

ピカッ！　と一閃、全世界が強烈な光の中にあった。それに続いてドーンという轟音が耳をつんざいた。何が起こったかわからなかった。

長崎の町はうち続く空襲で、防戦一方であったから、ある程度の損害は覚悟ができていた。しかし、この光と轟音は何なのか。だれもが予想できなかった大災害が起こったのだ。眼を射、耳をつんざき、強烈な衝撃と痛みを受けたこの五体、すべてがこの世のものとは思えなかった。なんと瞬時にして町全体が二〇〇〇度の灼熱で蒸発してしまったのである。

敵の爆撃にしては規模が大きすぎる。この激しさ、この変化、この衝撃、この酷さ。目を遮っていたすべてのものが霧散してしまったのである。まさにこの世のものとも思えない、大災害である。否、これがいい伝えによるハルマゲドンなのか。白熱の後の黒煙。人体が一度も体験したことのないこの灼熱。それに覆いかぶさる真夏の太陽。そして、あちこちから、苦痛に満ちた叫び、助けを求める泣き声、兄弟や友を捜す呼び声、これが地獄でなくてなんであろう。

これがアメリカ爆撃機から落とされた、原子爆弾と想像することすらできなかったであろう。

一九四五年八月九日午前一一時二分、長崎に原子爆弾が落とされた時間であった。永井は、爆心地から約七〇〇メートル離れた長崎医科大学の研究室にいたのだった。彼はまず、医師であった。また、二度も現地に出撃した日本軍人であった。そして、カトリック信者である。

廃墟の中での没我の活躍

この未曾有の大災害において、彼の脳裏を去来し、彼に決断を迫ったものは何だったのか。彼の脳裏を圧倒的に支配したのはカトリック信者として、そこに神の摂理とみ業を感知したのではないだろうか。信仰者にとって神の存在は圧倒的である。

この世の終末を意味するものなのか、との判断が脳裏を走る。しかし、その哲学的思考は一瞬にして消えた。苦痛にうめく人々、水を求める悲鳴、上半身焼けただれた犠牲者を前にすると、彼の医師としての使命感が働く。まず彼らを救い出すことだ。水はない。薬品もない。包帯も。副木《そえ》も、杖もない。医師として治療すべき手立てはまったくない。彼はまた、軍人であり、部下を統率する将校でもあった。考えている暇はない。まず、彼らを助け出すことだ。比較的軽症の看護婦や学生が彼の指令や指揮を待っている。

永井はここで、まずできる範囲の救助を考え、行動した。手当てを受けて数分後に、息絶える者がいる。比較的に異常がなく、ボランティアとして彼の指示で活動していた若者が、あっという間に息を引き取ってしまう。また、正面から見ると、何の障害も見つからない若者が、後ろを向いた途端、彼の背中の全面が真っ赤に焼けただれていることが見受けられる。

永井は医師としての本能、将校としての指導力、軍人としての国家に対する忠誠心、そして、人間としての愛、これだけを動員して三日間、数人のボランティア関係者とともに、被爆者、病人を危険地域から安全な所に移す仕事に没頭する。

苦痛と疲労が脱力感で彼をさいなむ。白血病を患っているからだ。

すでに白血病に罹っていた

永井博士は、被爆前、放射線科の医師として結核患者の検診などを行なっていた。当時、物資は底を突き、写真用のフィルムもなかったことから、放射線を患者の体に当てて自分の肉眼で見て確認していたので、大量の放射線を浴び、白血病になっていたのだった。

この当時（昭和二〇年六月）の白血球数は、一〇万八〇〇〇、赤血球数は三〇〇万であった。正常値は白血球数七〇〇〇程度、赤血球数は五〇〇万程度である。医師からは余命三年という診断を受けていたのだった。

そして、被爆時、彼は右側頭動脈切断という重傷を負っていたのだ。自分の体も構わず救護にあたった永井博士は、夕方になってひととおりの仕事を終えた時、そのまま深い眠りについたのだった。その後、何度も気を失ったりしながら、生き残った看護婦や学生たちと昼夜なく被爆者の救護を続けた。

三日目の夕刻、仕事に切りを付けて、自宅のあった場所に戻る。焼け落ちた家屋。まったくの焼け野原だ。木造住宅は蒸発してしまったのだ。そして、そこに黒焦げになった妻、緑《みどり》の遺骨を見つける。その遺骨のそばに十字架を付けたロザリオが残っていた。妻が常に爪繰っていたロザリオの鎖だ。これがただ一つの彼女の遺品なのだ。それを破れたバケツに入れて、場所を見つけ墓にすることの空しさといったらなかった。

彼は、心の中でつぶやく。こんなことはありえない。つい一週間前、医師から「君はあと三年も、もつまい」といわれた。だから、死ぬのはまず自分だ。私の遺骨を胸に抱くのは妻緑なのだ。

ところが皮肉にも、いま、自分が抱いているのは紛れもなく妻の遺骨の小片。まったく逆の話になってしまった。

彼は、夕日の中の荒涼たる廃墟に棒立ちになって、涙を呑みこむ。

「すべては神様の摂理じゃけん」

妻緑が口癖にしていた言葉が、実感となって胸に迫る。

彼は、そもそもは島根県の出身である。旧制中学卒業後、長崎医科大学に入学してきたのだ。専攻は物理療法科である。そして、卒業後そのまま、物理療法科研究室に残っていたのだった。その時の彼の下宿先が、先祖代々キリシタンの信徒頭を務めた家系だった。その下宿の娘が緑だった。ことの成り行きから緑に求婚し、その流れの中でカトリックの洗礼を受けたのだった。

彼の脳中にあるものは、妻を失った悲哀とそれを超克するキリストへの信仰であった。愛があった。隣人愛があった。世界兄弟の愛があった。そして、我が身を顧みない人々への奉仕があった。

被爆後四日目に、彼は二人の子供の疎開先に救護所を開設した。

✝生き抜いた標《しるし》

戦争は終わった。これからの残る命は同胞の救護と愛の奉仕にあるべきだ。しかし、翌年、白血病の悪化で寝たきりになってしまう。

信者たちが永井博士のために、ごくごく小さな二畳敷きの仮小屋を建てて、そこに博士を収容する。博士はその小屋を如己堂と名付ける。「隣人をおのれのごとく愛せよ」とのキリストの言葉に沿ったものであった。

博士はこの病床に伏しながら、執筆をはじめる。『長崎の鐘』『この子を残して』などが出版される。これらの書籍が廃墟の中で、苦しむ全国の人々に感動の嵐を巻き起こす。読者の深い感動と感謝は、その後、博士の執筆の源泉となる。病床にありながら、その後、次の本を書き続ける（没後に発行されたものも含む）。

『亡びぬものを』（一九四八年一月）
『ロザリオの鎖』（一九四八年三月）
『生命の河』（一九四八年八月）
『花咲く丘』（一九四九年四月）
『いとし子よ』（一九四九年一〇月）
『乙女峠』（一九五一年四月）

『如己堂随筆』（一九五七年一二月）
『村医』（一九七八年四月）
『平和塔』（一九七九年一一月）
『長崎の花（上・中・下）』（一九五〇年、日刊『東京タイムズ』紙上にて連載）

これらの出版から得られた印税は、すべてさまざまなかたちで寄付された。荒れ野となった浦上地区を「花咲く丘」にしようと、桜の苗木一〇〇〇本を浦上天主堂や山里小学校などの周辺に植える。さらには「平和を」と記した書約一〇〇〇枚を、国内をはじめ外国にまで送り平和を訴え続けたのだった。

このように長崎、そして全国の精神的復興に大きく貢献された永井博士は、あと三年の命といわれながら六年間、人々のために生きて、四三歳でその生涯をとじたのだった（一部長崎市『伝えたいふるさとの１００話』より引用）。

第三章　日本に影響を与えたカトリックの聖者

一・清貧の中で愛を実践したアッシジの聖フランシスコ

マヨーレスとミノーレス

「空の鳥を見よ。彼らは、蒔くことも、刈ることも、倉に納めることすらしないのに、天の父は彼らを養っているではないか。汝らはこれらの鳥よりはるかに優れたものではないか。だから、明日のことを思い煩うな。明日は明日が心配してくれるだろう」

また、他のところでは「今日、何を着、何を纏おうとして、思い煩ってはならない。ソロモンの栄華の絶頂期においてさえも、明日、炉にくべられるであろう百合の花ほどに、装うことはできなかった」といわれている。

この聖句を口ずさむ時、私たちは、清貧、謙遜、従順の徳性において、アッシジの聖フランシスコを思い浮かべる。

事実、カトリックの多くの聖人の中で、アッシジのフランシスコ（一一八二〜一二二六年）ほど愛された聖人はいないだろう。彼こそ清貧のうちにキリストの愛を実践した聖人であった。生い立ちを紹介したい。

一一八二年、中部イタリアの町、アッシジの裕福な織物商人に一人の男児が誕生した。

詩人ダンテが「東方からこの世界にさしいでた太陽」と讃えるアッシジの聖フランシスコである。アッシジはスバジオ山のふもとにたたずむ絵のような美しい町であった。その歴史は遠くローマ時代にまでさかのぼる。城壁の内部の町並みは往時をしのばせる歴史の町である。

フランシスコはペトロ・ベルナルドーネとピカ夫妻の長男として生まれた。ベルナルドーネは裕福な織物商人であり、富豪に数えられ、市民階級ながら、その地方の名望家として尊敬を集めていた。彼は、才気に溢れ、陽気で社交的な息子が彼の織物商を継ぎ、さらに発展させることを夢見たようであった。

当時、イタリアでは王侯、貴族、騎士、高位聖職者たちが交わるマヨーレス（より大きい者）と呼ばれる上流階級と、商人、職人、農奴が属するミノーレス（より小さい者）といわれる庶民階級に分かれていた。これは一種のカースト制度のように思われ、それぞれ、世襲制が厳然と守られているようであった。

若いフランシスコが夢見たのは、マヨーレスのグループに属することであった。そのためには、戦いに列して勲功を挙げそれによって、騎士に列することが最も現実的であり、近道であったように見えた。

騎士に憧れるフランシスコ

一一九八年、スバジオ山の中腹に位置する城塞からアッシジを支配していたリュッツエン公コンラードを市民自治体が攻撃し、町の周囲に高い塀を築いた。フランシスコはこの攻撃に参加していたのだった。

また、翌年、フランシスコはふたたび革命行動に参加する。アッシジからゲルマン人の放逐に成功した市民自治体は、帝国支配の支柱の役割を果たしていた貴族たちをも追放し彼らの財産を没収する。これはマヨーレスに対するミノーレスの力の誇示であった。しかし、後年、マヨーレスはその囚われの地、ペルージアから反撃する。

ここで、ミノーレスは敗退し、ミノーレス軍に参加していたフランシスコは捕虜となり、一年近く幽閉の生活を強いられる。しかし、陽気で社交的なフランシスコは戦友を勇気づけ、彼らの心を明るくした。

ただ、ペルージアの獄舎から帰ったフランシスコは、しばらくは病床で過ごさなければならなかった。十数カ月に及ぶ捕虜生活で著しく健康を損なっていたのである。そして、その後回復したものの、これまで彼の心を楽しませてくれた、森や、野原や、小川や、ブドウ畑も、味気ないものに映ったのである。この世のすべてのものが儚くうつろに感じられはじめたのであった。

　そこで冒頭の聖句が彼の心を潤しはじめる。

✝貧しい人々への愛に目覚める

　そんな時、イタリアの社会の底辺に蠢くように生活する貧しい人々のことが彼の心をよぎるようになった。そして、ある日、一人のハンセン病者に道で出会うのである。

　彼は馬から下りて、このハンセン病者を介抱し、もち金をすべて彼に与えたのである。この時の感動的体験は、彼の生涯を通じて忘れることのできない記憶となった。

　その時、彼の心を鋭く横切ったものは何か。おそらく、次の思いであったろう。

「神の子であるキリストは何ももたずにこの世に来た。家もベッドもなかった。洞窟と飼い葉桶と産着、これがすべてだった。生まれて間もなく両親とともにエジプトへ逃げなければならなかった。ヘロデ王が彼を殺そうとしたからである。十字架上で息を引き取ったが、その時、完全に無一物であった。衣服ははぎとられ、下着はくじ引きで兵士たちに奪われた。彼の死のベッドであった十字架さえ、自分のものではなかった。手足を貫いた釘も」

　そして、再び冒頭の聖句を口ずさんでみる。

「空の鳥を見よ。彼らは、蒔くことも、刈ることも、倉に納めることすらしないのに、天の父は彼らを養っているではないか。汝らはこれらの鳥よりもはるかに優れたものではないか。だから、明日のことを思い煩うな。明日は明日が心配してくれるだろう」

「そうだ、ひばりは、ほんの少しばかりの水と、わずかな果物で、あんなに美しい声で囀《さえず》っている」

ここがフランシスコの神への道の原点となった。そこで、彼は貧しい人々への愛に目覚め、托鉢、労働、奉仕、宣教の生活をはじめたのであった。

そして、その圧巻は町の広場に人々を集めて万人注視の中で、一糸まとわぬ、まっ裸になり、父親に着衣をはじめすべての財産を返して、清貧と、謙遜の修道生活に入ることを宣言するのである。

それから間もなく、彼は聖ダミアノ教会のそばを通る。その時、不思議な声に接するのだ。

「フランシスコ、私の教会を建て直しなさい」

というキリストの声である。

聖ダミアノ教会の修復

それからの彼の修道生活は徹底していた。早速、ダミアノ教会の修復にかかるのだ。彼は石を運んでは積み、壁を塗り、木を削り、屋根を修理する。人々はこの奇異な行動を笑っていたが、彼の本気の行動に共感しはじめ、次第に建材の寄付があったり、資金の提供があり、労働を提供する者が現れ、聖ダミアノ教会の新しい姿が人々の感嘆を呼び起こすのである。その後、さらに聖ペトロ教会、天使の聖マリア聖堂を次々と修復していくのであった。

「行って、〈天国は近づいた〉と述べ伝えなさい」

というキリストの言葉にもとづいて、フランシスコも神の言葉を告げはじめる。彼が説いたものは、贖いを行なうということであった。贖いは神への回心のことである。あとになってフランシスコは自らの生き方を「贖いに生きる」ことであると規定している。日々の労働によって生活の糧を得ながら、人々に神への回心を告げるフランシスコの下に、共に生きようとする志をもった人々が集まりはじめた。

フランシスコのその後の生活の中心は次の三点にある。

①　小さき兄弟として生きる

②　貧しく生きる

③ 教会への忠誠の中に生きるということである。

小さき兄弟という概念は共同体の本質を示し、その霊性を特徴づけている。すなわち、人間はすべて神の前には平等であり、みな兄弟である。別けても、彼を取り巻く一団は兄弟として固い絆で結ばれていなくてはならなかった。

この兄弟の絆は「小さき者（ミノーレス）であること」によって醸し出され、育まれなくてはならないということがフランシスコの信念になったのであった。

特筆すべきは彼の「小さき者」の思想である。徹底して「小さき者」の謙遜に生きる。自らを無にし、すべてを神に帰し、福音を説き、キリスト教の愛の実践に生きる。

彼はとことん「小さき者」になることによって、愛の力を得、限りなく大きなことを成し遂げていくのだ。なんと、あれほどマヨーレスになることを望んでいたフランシスコが、あえて、もとのままのミノーレスにとどまることを望みはじめたのだ。

貧しい人、身分の低い人、下積みの人、さげすまれている人に対して、身分の高い者、富んでいる者、支配階級の人に対するのと同じく接することなのだ。だから、どのような者であろうと、兄弟として接したのだ。

そして、その説教に感動した人々が集まって、正式には、「小さな兄弟たち」と呼ばれる修道会「フランシスコ会」を作り、一二〇九年、初めての規則が設けられたのだった。

「主よ、貴方の聖旨を行なう道具にしてください」

という彼の叫びが、このように具体化していったのである。

それは、清貧、貞潔、服従を誓約し、一生を神への奉仕に捧げ尽くす決意をした修道集団だったのである。彼の修道士としての生活は、愛に満ち満ちていた。

だから雪深い冬の日は、獣が食物と暖を求めてやってきたし、小鳥さえも彼の懐に抱かれて離れなかったという。自らは一切の私有財産をもたず、自らに苦行を課し、貧しい者には、惜しみなく施しを与える一生だったのである。

清貧貴婦人という言葉

フランシスコは自ら徹底して小さき者、小さき兄弟会たらんとしていた。われわれは生来無一物なのだ。何一つ、所有物はない。あるとしたら、すべて戴いたもの。つまり、神以外、われわれは何一つ誇るべきものはない。

この点を生活の中にしっかりと埋め込むために、托鉢を奨励した。その所作の中に、生来無一物なる己を自覚するとともに、己を憐れな者として、謙遜を心底から体得することができるのだ。

正に清貧とはこの自覚のもとに彼の全生涯を貫くモットーとなった。だから、清貧は貴婦人のように香《かぐわ》しい徳なのだ。そう、清貧貴婦人、この貴婦人にかしずこう。

初めのころ、フランシスコは自らを訓練する傍ら、兄弟たちの恥じらいを思いやって、しばしば、自分一人で施しを請いに出かけていた。

しかし、やがて、ある者がその召命に十分な熱意を示していないことに気が付くと、ある日、次のようにいったのである。

「私のいとも愛する兄弟たちよ。神の御子キリストは私たちよりも高い身分でいらっしゃるのに、私たちのためにこの世においてご自身を貧しい者とされました。このお方の愛のために私たちは、清貧の生活を選んだのです。だから私たちは施しを請いに出かけることを恥じてはなりません。天国の手付金を無視することは天国を受け継ぐ者にはふさわしいことでしょうか。そこで私はあなたたちにいっておきます。やがて、多くの身分の高い人や賢者が、私たちの会に加わり、施しを請うことを名誉とする日が来ます。したがって、初穂であるあなたたちは、喜び勇んでこの聖なる人々に、行ないによってなすべきことを示してください」

フランシスコの祈り

次の祈りは聖フランシスコの祈りとして知られているものだが、沢田和夫氏の訳を引用させていただいた。

主よ、貴方の平和を人々に齎《もたら》す道具として、わたしをお使いください。
憎しみあるところに愛を、
不当な扱いのあるところにはゆるしを、
分裂のあるところには一致を、
疑惑のあるところには信仰を、
絶望のあるところには希望を、
暗闇には光を、
悲しみのあるところには喜びをもっていくことができますように。
慰められることを求めるよりは、慰めることを、
理解されることよりは、理解することを、
愛されることよりは、愛することを求める心をお与えください。
わたしたちは自分に死ぬことによって、自分を見出し、自分自身に死ぬことによって
永遠のいのちをいただくのですから。アーメン。

この祈りに象徴されるフランシスコの兄弟会の宣教師たちが一六世紀、大挙して日本にやってきたのだった。一五八七年最初のバテレン追放令が出されたころ、日本には約一二〇人の外国人宣教師がいたとされているが、その中でも最初の殉教者になった日本二六聖人は、イエズス会士が三名、フランシスコ会宣教師、およびその信徒であったのだ。

フランシスコの会は、いまや世界に一〇〇あまりの管区をもち、三万人の修道士がいるといわれている。彼らの茶色の僧服の腰紐には、三つの結び目があり、それは、相変わらず清貧、貞潔、従順の誓いを表している。

いまも、フランシスコの戒律を厳格に守っているこの修道会は、多種多様なミッションをもって、日本で活動している。それらは、コンベンツアル聖フランシスコ修道会、フランシスコ会のほか、アトンメントのフランシスコ女子修道会、お告げのフランシスコ会などがある。

東京港区には、六本木チャペル・センターがあり、柔和、謙遜、奉仕、親切を絵に描いたような神父や修道士が活動しており、いつも国内外の善男善女で賑わっている。

二．ハンセン病者とともに生きたダミアン神父

地上において地獄と思われる地

ハンセン病とは、いったい何だったのだろう。この病気は、キリスト生誕前から知られており、古今東西にわたり社会の悪疫の極と目されていた。この病はいったん発病すると、皮膚と神経を侵し、顔や体は変色し、あちこちにこぶのようなできものができ、容貌は醜く崩れ、また四肢が麻痺し、しかも、親兄弟、親戚からも遠ざけられ、あたかも死の宣告を言い渡されたも同然の惨い仕打ちを受けたものである。この病気のために、彼らは社会から恐れられ、ただちに隔離されなければならなかった。

ハワイ諸島の一つにモロカイ島がある。そのモロカイの海に突出したカラウパパ岬が、このハンセン病者のための隔離所であったのだ。ここはまさに、絶望と屈辱と嘆きの島であった。

一八七三年の五月一〇日、ここに聖心宣教会の若い神父が一人下り立った。ベルギー生まれのダミアン神父である。ずんぐりした健康で筋肉質の元気一杯の三三歳になったばかりの男である。この男がハンセン病者とともに暮らし、ハンセン病者を助け、ハンセン病

者を励まし、ハンセン病者とともに死すことを決意したカトリック神父なのであった。ここカラウパパは、断崖と絶壁によってモロカイ本島とも、隔離された場所である。絶望と自暴自棄に陥った場所に法律はなかった。

古くからいる者は、新参者を侮辱し、苛め、苦役を与え、かつ乱暴を働いたものである。そこでは怒号と対立と、時として殺人まで罷《まか》り通っていたのである。上陸した当時、ダミアン神父が一人の友人に送った手紙に「この地上において地獄と思われる地はここ以外にはありません」と書いている。

事実、彼自身もハンセン病患者から受け入れてもらえなかった。彼の愛と犠牲と献身にもかかわらず、「あなたたちハンセン病患者は……」という態度を感じとり、ダミアン神父を部外者として見ていたのだった。

患者としてではなく犠牲者として愛を注ぐ

しかし、彼は臆することなくこの二〇〇〇平方キロのカラウパパを小数区とし、ここの住民をハンセン病者としてではなく、ハンセン病の犠牲者として救いを求めている人間として大きな憐れみと、愛を注ぎ続けたのであった。

彼は一軒、一軒の小屋を回り、捨てられたように横たわっている死骸のために二〇〇〇個の棺桶を自らの手で作り、これらを鄭重に葬り、そして、やがてはモロカイの医師となり看護人となって昼夜を分かたず働き続けた。彼は多少の石けん、水、包帯、衛生材料をもっていたが、医薬品とリネン布の欠乏には、常に苦労を強いられたものである。

ダミアン神父は忍耐強く、親切で、柔和であったとだれもが想像することであろう。確かに、ハワイのモロカイの彼のハンセン病小教区のためには、じつに忍耐強かった。

しかし、救いを求めている人々を無視したり、不合理な政府による支配を要求する人々に対しては容赦することがなかった。彼はまた、実際家でもあった。彼は自分の食事の時間を倹約するためにいつも大きなクラッカーの皿を作り、肉や野菜のシチューをそれに盛って食べたという。つまり、食べられる皿だから後から皿洗いの手間が省けたからだ。

モロカイに食べ物や医療品の供給がとだえた時、彼はカートを押して、ホノルルの町々を、喜捨を求めて歩き回ったという。人々の無礼な、時としてヒステリカルな対応は彼を怒らせることはなかった。

彼は一途に患者のためになることのみを求めていたのである。ダミアン神父は、一方、ハンセン病人たちには彼らを元気づけ、未来に向けて生きていくよう働きかけたものである。時には、お祭りを催し、競馬大会をひらき、ブラスバンドを組織し、太陽の下、明るい砂地で彼らに生きる楽しさをも味わわせることができた。このようにして一六年間の犠牲と奉仕の年月が流れていった。

彼はハンセン病患者ではなく、不幸なるハンセン病の犠牲者としての患者を見る。そして、この不幸を、至高なる幸福への道へと導く。だから、このモロカイにおいて、神なるキリストへの目が開かれたことへの摂理をいって聞かせるのだ。

「事実、あなたは決して悟れないほど特別に恵まれている。この世にはキリストという名前さえ知らない人間がどんなに大勢いるかを考えなさい」

「あなたは、ハンセン病だから不幸だという。しかし、この世の短い生涯よりも、永遠という時間軸で生き抜きなさい。事実、神なるキリストはあなたが自らの幸せを望む以上にあなたの幸せを望んでいるのだ」

幼児は両親の膝に上り、その話を聞いたり、一緒に遊んだりするのが大好きで、両親のすることはみな歓びとなる。だから、あなたも神に対してこの態度を保ちなさい。神があなたに何をしても、あなたの喜びとなるべきである、と。

神の愛のために死の宣告を喜んで受けた

ある時、脚に熱湯を浴びる事件があった。しかし、それにもかかわらず、一切の痛さを感じなかったことから、彼がハンセン病に冒されていることがわかったのであった。

一八八四年一二月、医師エデゥアルト・アーニングと医師アルトゥル・モーリッツの対診により、ハンセン病以外の何物でもないと記されている。彼はこうして「われわれハンセン病患者は……」といえる状況になり、カラウパパのハンセン集団の真のメンバーになったのであった。

ダミアン神父はすでに結核の大病を患っていた、兄パンパイルに次のように書き送っている。

「私自身に関しては、すでに、より恐ろしいハンセン病に冒されていることを最早、隠すことはできなくなりました。これは伝染する病、私自身の体にその伝染の毒がまわっています。私はいつものように元気なのですが、ここ三年間で左足の感覚がなくなってしまいました。しかし、叫びを上げることは控えましょう。そしてお互いのために祈り合いましょう」

彼はもうすでに数千人の死骸を葬っているので、彼だけがハンセン病から来る死の宣告から免れるとは思ってもいなかった。彼は神の愛のためにその死の宣告を喜んで受けたのであった。ダミアン神父は一八八九年四月一五日まで、働くことを止めなかった。彼は、司祭やシスター（修道女）、患者たち、そして医師シドニー・ボーン・スウィフトに見守られてこの世を去った。医師は神父の最後の写真を撮影し、その後の持ち主が死亡されてたのでハワイの裁判所の裁定で、写真は博物館に移され公表されている。神父を見送った一人が洩らしたように「彼は、微笑みをたたえた子供のように死んでいった」のである。

ダミアン神父は最初、モロカイ島に葬られたが、一九三〇年代になってダミアン神父を「ベルギーの英雄」として讃え、その遺体を求める世論がベルギーで高まった。これを受けて一九三六年に棺が掘り出され、アメリカ海軍からベルギー海軍の手を経て故郷ベルギーへ戻された。港には国王レオポルド三世以下、多くの国民が集まった。アントウェルペンで追悼ミサが行なわれ、その遺体はルーヴァンの大聖堂に葬られていまに至っている。

一九九五年六月四日、ローマ教皇ヨハネ・パウロ二世によって、列福された。カトリック教会において、彼はハンセン病患者、HIV感染者及びハワイの守護者とされている。二〇〇九年一〇月一一日に聖人に列せられることが教皇ベネディクト一六世から発表された。ハワイ出身のバラク・オバマ大統領もダミアン神父の列聖を祝福するコメントを発表した。

同日、列聖式はヴァチカン市国のサン・ピエトロ広場で行なわれた。日本人のカトリック信者数百名、ベルギーのアルベール二世国王夫妻、首相、閣僚、政党党首など四〇〇〇人に近いベルギー市民、ハワイからの数百名の巡礼団はじめ数万人の巡礼者が参加した。

三．弱者、病者、貧者の母、マザー・テレサ

貧しい人の中の、最も貧しい人々の間に入る

一九九七年九月五日、マザー・テレサが天に召された時、インドでは、同月一三日、国を挙げての国葬になった。

ヒンズー教が大多数を占めるインドにおいて、しかも、宗教的意識が鋭く対立しているこの国で、この一人の年老いたカトリックの修道女が、インド全国民の哀悼の的になったのである。世界各国からは領袖がぞくぞくと参加した。アメリカからは、ヒラリー大統領夫人（当時）、日本からは土井たか子議員（当時）が参加していた。

日本ではいまでもマザー・テレサを尊敬、敬愛する人は、キリスト教信者だけでなく、数多くいる。関連書籍も数多く出版され、いまなお売れ続けている。彼女ほど日本だけでなく、全世界にキリスト教精神の神髄を行動でもって伝えた聖人はいないのではないだろうか。

マザー・テレサは、バルカン半島のマケドニア生まれのアルバニア人なのである。一八歳の時に、修道女となって、インドにわたり、高校教師などをしていた。しかし、当時の

インドにおいてはカースト制度が徹底しており、その最下層の「ハリジャン」といわれる人々は、貧しく惨めで悲惨な日々を送り、しかも病にかかった後は、いたずらに路傍に捨てられているさまを目のあたりにし、一大決心をするのである。つまり、エリート女性の教育よりも、見捨てられた人々への奉仕を選んだのである。

第二次世界大戦もようやく終わりを告げた一九四八年のことであった。彼女は何の躊躇もなく、カルカッタ（現在はコルカタと呼ぶ）のスラムに入っていったのである。私の乏しい経験からしても、カルカッタの貧しさは尋常ではない。道を歩けば、悪臭、汚濁、乱雑、疫病、そして死すらも同居しているスラムがある。一人でその群衆の中に入れば、「バクシー、バクシー（金を恵んでくれ）」という何十もの黒い手がまとわりつくのである。

いまから、五〇年も前のことだから、いまとは違う。しかし、夜間、町を歩いていて、人を踏んづけることがよくあった。つまり、道の真ん中に、多くの人が寝ているのだ。大都市のカルカッタでも当時は街灯さえなかったのだ。

マザー・テレサは「貧しい人の中の、最も貧しい人々の間に入って、キリストに仕えよう」と決心するのである。

「この最も不幸な人々の間で、我が主、キリストにお会いする」のが、彼女の確信なのである。この飢えと病で誰からも看取られずに、空しく死を待つ人々を、彼女はあちこちから連れてくる。そして、彼らに人間として〝尊厳ある最期〟を遂げさせようという願いを福祉事業に具体化させたのである。

神の声を聞く

彼女は先述したように、アルバニア人である。出生は一九一〇年八月二六日、父ボヤジュー・ニコラ、母のドラナの第三子として生まれた。幼名は、アグネス・ゴンジャと名づけられた。

アグネスは殉教者の名前から、ゴンジャはアルバニア語で花の蕾という意味である。父は建設請負業と食料輸入業を営んでおり、裕福な生活を送っていた。ところが、彼女が九歳の時、突然、父が吐血して死んでしまった。しかも、父の会社は死後、共同経営者に横領されてしまう。生活の元手を失った母ドラナは呆然として絶望の深淵に突き落とされる。しばらくは、生きる気力を失ってしまったが、残された子供たちの養育に待ったはかからなかった。その後、人が変わったように気丈な女となる。彼女の特技、刺繍で糧を得ているうち、絨毯の商売を始め、それを軌道に乗せるのだ。

お蔭で、ゴンジャは聖心教会の小学校に入り、教会の合唱隊のメンバーとなり、宣教師たちの活動についても学ぶようになる。特にユーゴスラビアのイエズス会の司祭たちが、インドのベンガル地方へ出かけて、福音宣教に尽くしている様子を知る。そして、一八歳に達したころ、自分もインドに行き修道女として働きたいという希望をもつようになる。ただ漠然として修道女の生活に憧れたのではなく、はっきりと出かけていくべき土地インドを目指していたのだった。

ゴンジャはスコピエを発ち、ザグレブに向い、その後、パリを経て、アイルランドのダブリンにあるロレット修道会に向かう。ここが、彼女にとっての心の住処《すみか》になる。そして神の声を聞く。一九三一年ロレット修道会の修道女として初誓願を立てるのだ。改めて、マリア・テレサの名をいただく。

間もなく、ロレット修道会が経営するカルカッタの女子高校の教師となる。上流階級のお嬢さんたちを相手にした教職が果たして天職になり得るか、否かを、考えながらの生活だった。

ここで二〇年間、教師人生を送るのだ。その間に彼女はこの高校の校長になっていた。つまり、修道会という高い塀の中での平穏な教師人生を送っていたのだ。しかし、修道会の塀の外に出て、そして、スラムの姿をまぢかにした時、彼女の心の奥底に強い使命感が生まれる。一九四六年九月一〇日、黙想会に参加するため、ダージリンへ向かう車中でのことだった。

それは、再び神の声だった。

「すべてを捧げてスラムに行きなさい。キリストに従い、病者、弱者、捨てられた人々に奉仕せよ」

との声であった。

死を待つ人々の家

彼女は即断即決で修道院を後にする。早速、修道服を脱がなければならない。街に出て、一番安いサリーを手に入れる。それがのちに「神の愛の宣教者会」の制服となった白地に青いストライプのある布地だったのだ。

修道院を後にした時、懐にあったのはわずか五ルピー、日本円にして二〇円そこそこであった。早速、汚濁と悪臭のスラムに単身入り込むのだ。準備も計画もあったものではない。目の前に横たわる病人、飢えのために痩せ細り、骨と皮だけになった病人、時には、全身潰瘍に覆われ、蛆《うじ》虫が巣くったような病人を連れてくる。連れてきたところで病室のような施設があるわけではない。

とにかく、その蛆虫一つひとつを取り除き、傷口を水で洗ってやる。薬も包帯もあるわけではないが、この病人の中にキリストを見るのだ。この病人が私の父であったり、兄であった時、私は放っておくことが果たしてできるでしょうか、と自問自答するのである。彼女はかくして、まず、死を待つ人々の家を立ち上げるのだ。

マザー・テレサ（シスター・テレサはもうマザーと呼ばれていた）は、〝神の愛の宣教者会〟という修道会を組織し、一九五二年には、「死を待つ人の家」を立ち上げたのであった。「もしも、この路傍に横たわり、瀕死の苦しみにもだえているのが、あなたのお父さんやお兄さんだったらどうします？」という彼女の叫びに応えて、同じ志をもつ人々が、彼女の修道会に殺到するのである。

やがて、その活動は、三十数カ所の施設となって萌芽する。貧困者や病に苦しむ人々、孤児たちを収容、治療するのだ。そして、大勢の修道女たちの壮絶とも思えるほどの活動が展開されるのだ。マザー・テレサは、この修道女たちを励まし、貧者や病者のために直ちに出動せよと命ずるのである。

彼女の信仰には烈々たるものがあった。人はそんなことは無理だという。しかし、彼女の信念を貫くものは神の無限の愛である。神の力に限度があるか。神の憐みに限りがあるか。人間の弱さが神に隠されているか。眼を造った神なるものが、私の必要を見そこなうであろうか。耳を造った神なるものが、私の叫びを聞き洩らすものだろうか。否！　そんなことは絶対にない。だから、彼女の言動は自信に満ち溢れていた。

子供の家

死を待つ人の家で母親が子供を残して死んでしまった。ここで彼女の次の仕事が生まれる。親を亡くした子、捨てられた子、路傍をうろつく子たちが、カルカッタの町々に増えはじめていたのだ。

最初の子供を世話する場所が確保されると、この哀れな子供たちが続々と連れてこられたのだ。ゴミ箱、産院の裏、教会の門前、時には祭壇の脇、痩せ細り、病に侵された子供たちである。

マザー・テレサはその子供たちの母親のように、無条件で懐に抱くのである。正常な子供なんていう者はいない。拾い上げてもすぐ死んでいく子もいる。生まれながら、身体障がいのある子もいる。手がない。足がない。眼が開かない。耳が聞こえない子もいる。枯れ木のように痩せ細って、食べたり飲んだりする気力のない子もいる。

彼女はこの子たちを、わが子のように迎えるのだ。「場所がいっぱいだから、引き受けられない」とは金輪際、口が裂けてもいわない。どの子も、この子もみな神の子なのだ。

彼女にとって「誰にも愛されない子供たちが、死んでいくのは見るに忍びない」のだ。

平和の村

本書では、すでにハンセン病についてしばしば述べてきた。今でこそ、完治する病であるが、当時は不治の病として恐れられ、有効な薬剤も治療法もなく、患者はただちに隔離されなくてはならなかった。

インドの場合、当時はその隔離施設もなく、スラム街の中で蟄居する以外に方法はなかったのである。

私もカルカッタのスラム街で片手、片足で松葉づえさえもたず、ピョンピョンとケンケン飛びをしながら、金をねだる人に出会ったことがある。見るだけで戦慄したものだ。

当時、まだ、この業病に苦しむ者を収容する施設もなく、家の奥に引っ込み社会から完全に断絶して暮らす人たちがいたのだ。マザーは巡回車によるこの人たちの救済からはじめるのである。患者たちを引き取ると、修道女たちとともに、

「ハンセン病者の体に、直接、素手で触れてやりなさい。痛いところを撫でてやりなさい。心を込めて苦しむ病人の背中をさすってあげなさい。この人たちが、キリストなのです」

と叫ぶ。

彼女が、老いの身に鞭打ちながら、率先垂範するのはもちろんである。そして、カルカッタから約二〇〇マイルのところに平和の村（シャンティ・ナガール）を創設するのである。この施設に働く大勢の修道女たちの表情の明るいこと。彼女は見捨てられた人々にも、また、修道女たちに対しても文字どおりマザーなのである。

マザー・テレサは一九七九年にノーベル平和賞を受けた。その時、彼女の発した言葉を記しておこう。

「私個人はノーベル平和賞に値するとは思いません。しかし、人々が貧困問題にもっともっと目を向けるために、この賞が与えられたのだと思います」

1981年の来日時、4000人の聴衆を前に世界平和を訴えるマザー・テレサ　©時事

マザーの口から愛の言葉がほとばしり出る

彼女は一九八一年に初めて日本にも立ち寄っている。日本にも彼女の信奉者は多い。世界各国、そして日本各地で講演するごとに、名言を残している。

「今日、苦しみは世界にますます増えてきています。人々は人間が与えうるよりももっと美しいもの、もっと大きなものを渇望しています。世界中が、いま、神に飢えています。至るところに多くの苦しみがありますが、神への、そしてお互いに愛し合う愛への渇望もまた大きいのです」

「この経済大国においても、飢えている人々がいます。心に飢え、愛に飢えている人々なのです。そして、孤独という愛に飢えている人々の叫びが聞こえないのでしょうか」

「カルカッタで、私たちのシスターもブラザーも、貧しい人の中で一番貧しい人たち、誰からも必要とされず、愛されず、病気で死んでいく人、ハンセン病者、幼い子供のために働いています。でも貧しい人が不平をいったり、呪ったり、惨めに思っていたりすることに接したことは、こうして働いている二三年間に一度もありません。いつでしたか、蛆に体中ほとんど食い尽くされている人を路上から連れ帰ったことがあります。その人はこういいました。『これまで道端で動物のように生きてきたのに、こんなふうに世話をされ愛されてまるで天使のように死んでいけます』。そしてほんとうに天使のように亡くなりました。とても美しい死でした」

「ここ英国でも、ほかのところ……カルカッタ、メルボルン、ニューヨーク、東京にも、住んでいる部屋の番号でしか知られていない寂しい人がいます。なぜそこに行かないのでしょう。あなたの隣に誰か人間が住んでいるということをほんとうに知っているでしょうか。新聞を読んであげたら喜んでくれる盲人が住んでいるかもしれません。誰も訪ねてく

れる人のない金持ちの人がいるかもしれません。ほかのものはありあまるほどもってい
て、それに溺れてしまいそうなほどですが、人との触れ合いはないのです。あなたとの触
れ合いが必要です」
「お金をあげるだけで満足してしまうことがないように。お金だけでは十分でありませ
ん。お金なら自分で稼ぐこともできますから。貧しい人は仕えてくれる私たちの手を、愛
してくれる私たちの心を必要としているのです。キリストの教えは愛、その愛を広めるこ
と」
「子供の世話をする時、誰かの話し相手や、相談相手となる時、薬を上げる時、だれにな
にをするにも、いつも口元にほほえみがあるように。治療を施すだけというのは、大きな
間違いです。すべての人に、私たちの心を差し出さなければなりません。援助ということ
なら、政府機関がたくさんのことをし遂げます。私たちは、別のもの、キリストの愛を差
し出すのです」
「私はすべての人の中に神を見つけることができます。ハンセン病患者の怪我を洗う時、
私は神を看病していると感じます。美しい経験ではありませんか」（一九七四年のインタビ
ュー）
　また、死の直前、心臓の苦痛を訴えて、入院したマザー・テレサは、手術をすすめる医

師にこう語ったという。

「私に特別な治療はいりません。私が仕えた貧者たちと同様に死なせてほしいのです。この国では、貧乏な人は、私が受けている治療を受けられないのである以上、私が特別扱いされる理由はないのです」

四.空飛ぶ教皇ヨハネ・パウロ二世

愛する神に最大の光栄と誉れを捧げる

カトリック教会は、この二〇〇〇年にわたって素晴らしい教会建築様式を見せてきた。曰く、ロマネスク、曰く、ゴシック、曰くバロック、曰くルネサンスなどである。一歩、聖堂内に入ると美しいステンドグラスから差し込む光の中で祭壇は美しく飾られ、香がたかれ、蠟燭がともされる。ミサを司式する司祭は美しい祭服を纏い登壇する。

その極致に見えるのがローマ教皇の祭服である。頭には教皇帽を冠り、教皇権を示す杖をもつ。これを見て、カトリックは金持ちだ、豪華だ、贅沢だ、と早とちりしてはいけない。人間が真善美の極致にある神を賛美する時は、ない知恵を絞って、乏しい資源を算段して最大の礼拝と、崇敬と、賛美を尽くす。たとえ日常生活が、貧しく黒いスータン（司祭の制服）を纏い、パンと水のみの乏しいものであっても、愛する神に最大の光栄と誉れを捧げるのである。ローマ教皇がその典型なのだ。

ローマ教皇の実生活にはプライバシーはほとんどない。常に数万人の注視に晒され、一挙手一投足に全世界の信者の熱い眼の焦点になるということは、これはすでに大きな十字架なのだ。

欠伸をする。鼻をかむ。トイレにいく。食事をする。加齢からくる体力の衰弱があり、病気も人並みにする。就寝するまで、常に衆人環視の的になる。ローマ教皇はキリストの筆頭の弟子ペトロの後継者としての重い責任をもっている。人間の世界である限り、正統派カトリック教理を異端から守ることは並大抵のことではない。

代々の教皇は老軀をおして研ぎ澄まされた頭脳と強靱な意志をもって、この激務に耐えてこられた。しかも、一日丸ごと公務なのだ。ミサ、ベネディクション、ことあるごとにこの大袈裟な祭服をまとわなければならない。神に対する最高の賛美を願って教皇は嬉々として、この重い祭服を着するのである。

しかも、これら日常の任務を超え、全世界一一億九六〇〇万人の信者のみならず、ヴァチカンの声として全世界に真理の言葉を発信する責任と義務がある。これは教皇本人以外には理解できない、犠牲と苦痛が伴っているのである。

ポーランド人として生を受ける

彼、カロル・ユゼフ・ヴォイティワは一九二〇年、ポーランドの南部、ヴァドヴィツェで生を受けた。父カロルはかつて、ハプスブルク家の軍隊での退役軍人であった。母はエミリアといった。しかし、彼は若くして、九歳の時母を失う。まだ、母は三三歳の若さであった。また、兄を一二歳の時、父を二〇歳の時失う。多感な青年時代にこの世の儚さを身をもって体験している。

しかし、生来陽気で、快活な彼の表情にはその種の暗さはなかった。子供時代に父親に連れられて行ったチェンストホヴァ（ポーランド南部の宗教都市）の聖母マリアに対する温かい信心を身に付けていたからである。

一九三九年、一九歳の時ナチス・ドイツによるポーランド侵攻がはじまった。カトリックは無神論のナチスにとっての宿敵である。そのころ、レジスタンスの一環として、演劇を研究し、自らも、俳優となって演じたり、演劇の脚本を書いたりした。時代はヒットラーのナチス全盛時代である。

このころクラクフのユダヤ人ゲットーとの接触があり、それが、後に教皇になってからも、ユダヤのシナゴグに対する親しみと友好を進めるよすがとなった。

二三歳の時、聖職者になることを決意する。しかし、ヴォイティワが学んでいた大学が閉鎖されたため、鉱山や工場で働きながら勉学を続けた。ヴォイティワはやむなく当時、非合法となった地下神学校に通う。

一九四六年、司祭に叙階される。しかし、ヴォイティワの優秀さを惜しんだ当時の司教は、彼を教皇庁立アンジェリクム神学大学に送り込む。

彼はそこで、素晴らしい知的進歩を遂げ「十字架の聖ヨハネの著作における信仰概念についての研究」で神学博士、哲学博士号を取得する。その後、当時の教皇ピウス一二世によって、クラクフ教区の補佐司教に抜擢される。三八歳の若さであった。

教皇選出のコンクラーベにて戴冠

一九六七年、彼は枢機卿になり、教皇の死去に伴って教皇選挙であるコンクラーベに出席する（二〇〇五年四月一日時点の枢機卿の数は一八三人、うち教皇選挙権をもつ八〇歳未満の枢機卿は、一一七人である）。

コンクラーベの出席は彼の生涯における最後のものと感じつつ、ヨハネ・パウロ一世が選出される。しかし、この教皇は着任後三三日で死去されコンクラーベは再びローマで開催され、なんと、ヴォイティワが教皇に選出されたのだ。それまでは教皇は常にイタリア人であったが、ここでスラブ系の教皇が初めて誕生したことになる。ヴォイティワは先の教皇に対する尊敬と敬慕の念からヨハネ・パウロ一世と名乗った。ローマ教皇ヨハネ・パウロ二世の治世は一九七八年一〇月の就任以来、二〇〇五年四月までのあしかけ二七年に及び、その巡礼とおぼしき諸国訪問は一〇二回の海外訪問をこなし、一二八カ国に及んだのだった。

また、その走破距離は一二〇万キロメートルに及んでいる。ヨハネ・パウロ二世は「旅する教皇」といわれたパウロ六世をはるかにしのぐスケールで全世界を訪問し、「空飛ぶ教皇（空飛ぶ聖座）」と呼ばれるほどであった。

各国を訪問して回った時も、その土地に跪いて接吻するのを慣わしとしていた。宗教的訪問というよりも、常にその訪問を巡礼として捉えておられたのではないだろうか。教皇ヨハネ・パウロ二世が全世界的にどれほど大きな影響力をもち、かつ深く愛されていたかを物語る出来事をご紹介しておこう。

「無神論の共産主義を恐れるな」

この言葉はポーランド国民を熱狂させた。ポーランドの九八％はカトリック教徒である。彼が教皇就任後はじめて、ポーランドに錦を飾った時、ワルシャワのユゼフ・ピウスツキ元帥広場は数十万人の信者で埋まった。集まった人々に無神論の「共産主義を恐れるな」との言葉を与えている。

それからの彼の活躍には目を見張るものがあった。東欧諸国の共産主義に対する抵抗、東方教会やプロテスタント諸教会との和解と友好、平和運動の展開、また、過去における教会が犯した歴史的過誤である「十字軍のムスリム攻撃、ガリレオ・ガリレイの裁判」などに対して、ヴァチカンとして公式に謝罪や名誉回復をするなど、その率直、その友愛、その叡智には全世界の尊敬と敬慕が集まった。特にグダニスクの電気工、ワレサが自由管理労働組合「ソリダリテ」（連帯）を立ち上げると、教皇はその指導者ワレサをしばしばローマに呼び寄せ、大きな精神的援助と激励を与えたものである。同じポーランド人として共産政権に

ヴァチカンのサン・ピエトロ広場で、ポーランド人巡礼団に祝福を賜るローマ教皇ヨハネ・パウロ二世　©AFP＝時事

雄々しく戦いを挑んでいる姿に応援を惜しまなかったのである。これが、東欧の共産圏における民主化運動の嚆矢となり、ついにはベルリンの壁の崩壊を招くことになる。

もっとも、それ以前の一九八一年五月一三日に、サン・ピエトロ広場において、狙撃される事件が起こった。幸い、二発の銃弾は急所を外していたので、命には別条がなかった。「なぜ私が」ととっさに叫ばれたのだ。犯人はトルコ人のアリ・アジャという男で後から調べたところ、ソ連の国家保安委員会KGBの謀略によるものであることがわかった。ソリダリテをはじめ教皇の行動がソ連、東欧、中欧の共産政権に対する反体制運動を力づける脅威として映じていたからである。

ヨハネ・パウロ二世は入院中、彼を許す声明を発した。その数年後、回復した教皇が直接面接するチャンスが巡ってきた。教皇はアジャが収監されている刑務所を訪れ短時間の会話を行なった。この面接で、教皇はアジャを赦し完全に信頼できる兄弟として話し合ったとのことだ。

日本人を感動させた四日間

一九八〇年前後、ヨハネ・パウロ二世の日本訪問のプロジェクトがもち上がった。日本側の準備は詳細を極め、万全の体制が敷かれた。

　だが、教皇側の準備も半端ではなかった。ヴァチカン駐在の西山達也神父による日本語習得の日々がはじまるのである。訪日に際し、できるだけ多くの機会に日本語で話しかけたいとの熱意から発した特訓であった。この特訓は数カ月の長きにわたったというから、日本に対する教皇の熱意と愛情は並大抵のものではなかった。

　ヨハネ・パウロ二世は一九八一年二月二三日、ついに日本にやってきた。これは当時としては未曾有の快挙で、日本では天皇陛下が歓待され、当時の鈴木首相が会談し、広島、長崎では平和宣言が行なわれた。

「戦争は死です」とは彼の率直な言葉であった。彼の訪日は四日間に過ぎなかったが、当時のマスコミの熱狂ぶりは並大抵のものではなかった。武道館ではアグネス・チャンの司会により、青少年との対話「ヤング・アンド・ホープ大集会」があった。二月二四日午後七時半から九時までの一時間半のテレビ放送でもある。そして、日本の私たちに呼びかける。

「皆さんは、昔からの叡智の相続者であり保持者なのです。この日本と東洋における叡智は道徳的生活に息吹を与えました。また、その叡智は、皆さんに純粋で透明、そして、正直な心を尊ぶことを教えてくれます。そして、それはすべての被造物、なかんずくすべての人間の中に神がましますことを示唆してくれています」

このアナウンスがあった後、青少年との実に気軽な交流があった。まさに一切の公式の顔を忘れた一人のハンサムな初老の顔だった。満面の笑みが武道館をどよめかせた。ある学生が対話をはじめるにあたって、

「明日は学期試験があるので、こんなところで、こんなことをしておるわけにはいかないんですが……」

とのまえおきである。何たる、国際音痴な切り出しであろう。一国の大統領だってなかなか会えないローマ教皇に対する挨拶である。しかし、教皇はその青年に合わせて相変わらずのにこやかな応対であった。

また、他の子供が無邪気にも「歌を歌ってちょうだい」との要求である。この要求も気軽に答えて、「森で遊びましょう」という童謡をきれいに澄んだ声で歌われたのだった。カトリック一一億九六〇〇万人の頂点に立つ教皇がこの無邪気な要求に喜んで応じているのだ。この様子は日本テレビ系列を通じて、全国に流されていた。武道館を満杯にした聴衆だけでなく、一三・五％という高視聴率の中にあった全国のお茶の間の視聴者に楽しさいっぱいの感動を与えたに違いない。ヨハネ・パウロ二世はこの青少年たちとの交流を心から楽しんでいたのだ。それが日本国中の視聴者を同じ気持ちにしてくれたのだ。まさに謙遜の権化というべきだろう。

長崎では雪の降る厳寒の中で、ミサが執り行なわれ数万の参列者を感激させたものである。ヨハネ・パウロ二世は日本の二六殉教者に関して、かつて、次のようにいわれていた。

「二〇〇〇年の終わりを迎えるにあたって、教会はもう一度、殉教者のための教会たらねばなりません。宣教師、聖職者、および信者に加えられる迫害は世界各国において殉教の偉大なる種蒔きになっています。流血に至るまでも、キリストの証《あかし》になることは、カトリックにも、正教や、アングリカンや、プロテスタントにも共通の遺産であるといえましょう」

「私はあなたたちと一緒にいる」

二〇〇五年二月教皇はインフルエンザと咽頭炎に罹り、三月末には感染症によって容態が悪化した。教皇の容態悪化のニュースを聞いた信徒たちがサン・ピエトロ広場に集まって祈りを捧げていた。それを知った教皇は「私はあなたたちと一緒にいる。ありがとう」と話された。

同年四月二日、午後九時三七分（日本時間：三日午前四時三七分）、八四歳で死去された。最期の言葉が「父なる神の家に行かせてほしい」というポーランド語だったとも報道された。教皇の死去を受けて、世界各地からローマを訪れた信者の数は約五〇〇万人に上り、うち約二〇〇万人は教皇の故郷であるポーランドからの訪問者であったといわれている。

この訃報を聞いたかつての暗殺未遂犯、アジャは深い悲しみを覚え喪に服したことが家族により伝えられた。

第四章 日本における殉教の精神

一・キリスト教は狂信的信者の集まりか

✝マインド・コントロールの怖さ

ここまで殉教の美について書いてきた。しかし、読者の中には、自分の命を捨ててまで、教えを証《あか》すことに不自然なもの、あるいは違和感を抱く方がいるかもしれない。

事実、爆弾を抱いて不特定多数を巻き添えにしてしまう宗教的テロなどは、確かに狂信者のイメージが浮かんでくる。狂信者という時、私たちはマインド・コントロールという心理学用語に行きつく。一九九五年、地下鉄サリン事件でオウム真理教（当時）というカルト宗教の存在を知ることができた。教祖松本智津夫の意思に沿わない人間はポア（殺戮）すべし、というのだから日本人はつくづく、カルトの恐ろしさを再認識したのだった。

ここから、「マインド・コントロール」すなわち洗脳という言葉が巷を走り抜けたのだ。だから、宗教は恐ろしい。なにしろ、最高学府に学んだ若き秀才が次々に入信して教祖の言葉を信じて行動に移すのだから。現代の科学万能の時代、気軽に宗教には近づけないものだとの、一般常識が定着したのだった。

マインド・コントロールといえば、ヒットラーのナチス時代に思いをはせることができる。アドルフ・ヒットラーという一介の男が、当時のドイツ国民のフラストレーション（欲求不満）を利用して、政界のトップに躍り出て、ドイツ国民を熱狂させ、ヨーロッパ諸国をたちまちのうちに蹂躙し、かつ、ユダヤ民族のホロコースト、すなわち、根絶を図ったのだから、二〇世紀におけるヨーロッパの歴史の一大汚点をつくったのであった。

ヒットラーのマインド・コントロールの一端を示すものが、彼、独特の演説にあったのである。演説は労働者がぼつぼつ疲労しはじめる夕刻を狙って行なわれた。会場には火と鉤十字、ハーケンクロイツの卐（逆まんじ）標が神秘的に飾られ、総統ヒットラーは、ワグナーの勇ましい曲とともに登場し、語気を強め、独特の早口と髪をふり乱したゼスチュア、タップリの演説によって、聴衆を一種の陶酔状態に陥れるのだ。右手を高く上げて、「ハイル・ヒットラー」と何度も繰り返させ、ドイツ国民全体を戦争に駆り立てるのであった。

このようなことが、わが国の仏教では無縁であったように、この二〇〇〇年にわたって二二億の人類の信仰の歴史のあるキリスト教でも無縁であることはいうまでもない。

殉教とマインド・コントロールとは似て非なるもの

さて、話を殉教という信仰行為の話に戻そう。まず、はっきりさせておきたいことは、キリスト教の殉教は他人の生命を巻き添えにすることはありえない。ただ、国王の命令や、国の法律によって、教えを禁制にされた時、その教えの正しさを証明するために、己が命を差し出すのがキリスト教徒の殉教なのだ。

幸い、信教の自由が憲法で保障されている現在の日本をはじめ、民主主義の国々では、もはや、殉教という事件はありえない。しかし、この日本でも一六世紀の後半から一七世紀の前半にかけてキリスト教を邪教と断じた秀吉や、家康、秀忠、家光など江戸幕府の禁制では多くのキリスト教信者が教えを捨てられず、その命でキリストの証人となったのであった。

これはマインド・コントロールでもなく、理性と自由意志、そして、己が良心に照らして、宇宙の真理である神の愛を感得し、その神の愛を裏切ることができず、やむなく、時には喜んで禁制の犠牲になる道を選んだ人々だったのである。

二.殉教について考える歴史小説

すべてのものを腐らせてしまう底なし沼

遠藤周作の『沈黙』は、一七世紀の日本の史実に基づいて書かれた歴史小説である。江戸時代初期のキリシタン弾圧の渦中に置かれたポルトガル人の司祭を通じて、神と信仰の意義を描いたキリスト教文学の傑作である。史実に基づいているだけに、この小説で殉教について考えてみたい。

島原の乱がようやく沈静化したころ（一六三八年）、とんでもないニュースがローマに届いた。かの有名なる神学者にして信仰心卓越せるクリストヴァン・フェレイラ神父が殉教国日本で棄教したというのである。フェレイラ神父の高弟であったセバスチァン・ロドリゴ（実はイタリアのシシリア生まれ。映画では、ジュゼッペ・キャラがモデルになっている）は同僚、フランシス・ガルペとともに、マカオに寄り、そこからキチジローの案内で五島列島に潜入する。隠れキリシタンの島々だ。ここで彼らから大歓迎される。

しかし、ロドリゴとしては、親とも兄とも慕ったフェレイラ神父の棄教など、彼の心では、なかなか受け付けられるものではない。いったい何があったのか、迫害が猖獗を極めていることは理解していたが、自分にとって師父とも仰ぐべきフェレイラにどのような変心があったのか、ロドリゴの心は焦るばかりである。

日本に潜入してみて、その過酷さがようやく身に染みてくる。やがて、長崎奉行所の追跡の的とされている自分に気づく。それから薄氷を踏むような逃亡がはじまる。その窮状にあって、ようやくフェレイラ神父に会うことができる。だが、棄教してしまったフェレイラには、もはや信仰の残り火さえ見当たらない。

「この国はすべてのものを腐らせてしまう底なし沼だ」とのフェレイラの悲観論が彼の胸を蝕む。棄教したフェレイラは、幕府から重用され、死刑になった男の妻子をあてがわれ、名も沢野忠庵と名乗らされたのだ。ロドリゴは「もうあなたは私の知っているフェレイラ師ではない」と吐き捨てたのだ。とはいえ、殉教を決意して潜入したのだ。彼は神の奇跡と事態の好転を祈る。

神は沈黙したままだ。そして、虚を衝《つ》かれたように彼は追手につかまる。キチジローが密告したのだ。これも、神のご意志だ。観念した。

愛のディレンマ

その捕縛の地にあって、彼は夜な夜な奇妙な音に悩まされる。眠れない。フェレイラによれば、それは棄教者の呻き声であるという。相変わらず穴吊りの拷問を受けているという。それは、ロドリゴが棄教しないために棄教者たちが相変わらずの拷問を受けているのだ。ロドリゴは悩んだ。まさに、ディレンマの極みだ。

彼が棄教しなければ、数多の棄教者が苦境にもがくのだ。進退窮まれり、だ。

そこで、ロドリゴは棄教を決意する。彼は長崎奉行のもとに行く。みると、銅版が置かれている。これぞ、悪名高き宗門改めの踏絵なのだ。棄教者はこれを踏むのだ。人間の肉体を纏った一人として、戦慄が全身に走る。

この浮き世ではあるが、生死を越えて憧れ、崇め、礼拝を重ねてきたイエス・キリストである。すでに多くのキリスト者が殉教している。その殉教こそを目的として日本に潜入してきたのだ。その日本において自分はキリストを裏切ることになるのだ。踏めば当然のように足に激痛が走り、心は死ぬ。

ロドリゴはその時、かすかな声を聞いた。

「いいのだ。踏むがよい。お前の足の痛みは、私が一番よく知っている」

ロドリゴには、空耳のように思えた。しかし、その声は、なお続く。

「いいのだ。ロドリゴ、私はお前たち人類の罪と弱さのために十字架に付いたのだ。踏むがよい。踏むがよい」

かすかに聞こえるキリストの声だ。

こうして、志高き信仰者ロドリゴが棄教者の列に加わったのだ。

遠藤周作の『沈黙』のハイライトは以上のごとくである。

まさに、ミイラ取りがミイラになる皮肉な結末である。

ここで遠藤周作は何をわれわれに問いかけているのであろうか。キリストは人間の弱さをとっくにご存じなのだ。

キリストの愛弟子たちも同様に裏切った

かのペトロを見よ。三年間にわたって、教えを戴き、寝食をともにし、かつ、一番弟子として深く厚く愛されたペトロが大祭司の屋敷の中庭で主キリストを拒んだのだ。その状況をマルコの福音書が描く。

「ペトロが下の中庭にいた時、大祭司に仕える女中の一人が来て、ペトロが火にあたっているのを目にすると、じっと見つめていった。『あなたも、あのナザレのイエスと一緒にいた』。しかし、ペトロは打ち消して『あなたが何のことをいっているのか、私にはわからないし、見当もつかない』といった。そして、出口のほうへ出ていくと、鶏が鳴いた。女中はペトロを見て周りの人々に『この人はあの人たちの仲間です』とまたいい出した。ペトロは再び打ち消した。しばらくして、今度は居合わせた人々がペトロにいった。『確かに、お前はあの連中の仲間だ。ガリラヤのものだから』。すると、ペトロは呪いの言葉さえ口にしながら、『あなた方のいっているそんな人は知らない』と誓いはじめた。するとすぐ、鶏が再び鳴いた。ペトロは『鶏が二度鳴く前に、あなたは三度わたしを知らないというだろう』とイエスがいわれた言葉を思い出して、いきなり泣き出した」

ペトロだけではない。聖母マリアと使徒ヨハネを残し、弟子全員が逃げたのだ。だから、キリストを裏切る行為はすでにあったのだ。

キリストは常に弱き者のそばに寄り添っている。

「踏むがよい。踏むがよい。お前の足の痛みを私が一番わかっている」

本書ではこれまで、死の瞬間までキリストを賛美し、来世への希望を胸いっぱいに殉教していった勇敢な殉教者たちの話をしてきた。ここにきて、その雄々しさ、勇ましさ、潔さに水をかけるような遠藤周作作品を、なぜ紹介するのか。

あなたはそう問い詰められるに違いない。実は著者の私も、殉教礼賛主義者なのだ。できれば、雄々しく潔く天の父に命をお返ししたい。しかし、遠藤の心はもっと深く御心を味わっていたのだ。

遠藤文学の神学的な意義

ここで二〇一一年一二月一一日号の『カトリック新聞』に載った遠藤文学とカトリック教会第六編に目を通してみよう。それでは、イタリア・ローマで遠藤文学と神学をテーマに博士論文を書き上げたアデリノ・アシェンソ神父の話に耳を傾けよう。

アシェンソ神父が友人の勧めで初めて遠藤作品を読んだのは二二歳の時、故郷ポルトガルで手にしたポルトガル語訳の『沈黙』で、キリシタン弾圧という史実に衝撃を受けた。青年期にはポルトガル語訳の『イエスの生涯』や『深い河』も読んで深い感銘を受けた。ポルトガルの大神学校時代には司祭から黙想の手引きとして『沈黙』を使って指導を受けたこともあった。そうした遠藤文学の体験者であるアシェンソ神父が博士論文を執筆するに当たり日本で資料を収集して、日本語で作品を読み通し博士論文の中でまとめた遠藤作品の神学的意義についての結論とは次のようなものだ。

①遠藤作品は文学的価値のみならず、神学的価値がある。

②遠藤は日本人であるが、彼が扱っているテーマは全人類に通じる普遍的なテーマでもある。

③西欧文化の中で捉えられてきたイエス像を現代にあって捉えなおす必要性がある中、遠藤が描いた新しいイエス像は、現代人の心に響く。

④文学などの芸術と神学とには密接な関係がある。芸術が与える感動や感銘が信仰や神の世界へのさらなる関心へと繋がり、私たちを深みのある神学的テーマへと導く。

⑤すべての人間は必ず「自分を超越した存在」への憧れをもっているので、遠藤作品が扱う人類学的なテーマは、どんな人間の心にも響く。
⑥基礎神学を深めるためには遠藤のように、組織としての宗教以前のすべての人間の問題としての人類学的テーマからはじめる必要がある。

また『沈黙』では「西洋と東洋の摩擦、新しいイエス像、棄教者の救済」などをテーマに真剣な討論が繰り広げられる、とあった。

遠藤文学が訴える母性的愛

再び、ロドリゴの話に戻ろう。夜明けにロドリゴは奉行所の中庭で踏絵を踏むことになる。すり減った銅版に刻まれた「神」の顔に近づけた彼の足を襲う激しい痛み。その時、踏絵の中のイエスが「踏むがよい。お前のその足の痛みを、私が一番よく知っている。その痛みをわかつために私はこの世に生まれ、十字架を背負ったのだから」と語りかける。

さらに「私は沈黙していたのではない。お前たちとともに苦しんでいたのだ」。

ここで、キリストの父の正義に対して同じキリストの母なる慈愛に心を打たれるのだ。この小説の、かのキチジローのセリフがまたのハイライトになっている。

ロドリゴを密告した例の裏切り者のキチジローである。

彼は、ロドリゴにこれを告解する。

「パードレさま、赦してくだされ。俺は生まれつき弱か。心の弱かものには、殉教さえできぬ。どうすればよか。ああ、なぜ、こげん世の中に俺は生まれ合わせたか」

この節にかかった時、著者の脳裏を激しく横切ったものがある。

私は、この日本において完全な信教の自由に守られている。カトリックを憎む群衆に取り囲まれているわけではない。特高警察によって監視されているわけでも、信教の自由が圧迫されているわけでもない。もしも、私があの時代に生きていて、たまたま、パーデレやイルマンの誰かから感化されキリシタンの洗礼を受けていたら、かのグータラ・キリシタンのキチジローを笑うことができたであろうか。

穴吊りの刑で逆さにつられ数時間、数回繰り返され、耳から、鼻から鮮血にまみれ、のどは焼けつくような渇きに苦しみ、全身の血液は狂ったように逆流し、眼は吊り上がり、脳は熱でたぎり、何時間も何日もそれが繰り返されたとしたら……。

もう、喋る気力も、祈る力も失せ、ただただ、この地獄からぬけだしたい、と願ったならば。しかも、「転べ、転べ、転べ」のいつ果てるともない合唱に晒されたならば。キチジロー、よくぞ、私を代弁してくれたと讃えるかもしれない。

それにもかかわらず、私は神の愛に希望を繋ぐであろう。神は愛である。その愛は多面的である。その愛は棄教者にも殉教者に対してと同様、激しく燃え盛っているのだと、信じよう。

三．造物主たる天の大君に仕える道

拷問をうけ、虐殺された信者

なぜ、狂信者のような印象を日本の人々がもったのであろうか。皮肉なことに、キリシタン禁制があまりに過酷、残酷を極めたからなのだ。ここで再び遠藤周作著『沈黙』の中でフェレイラ神父がアンドレ・パルメイロ神父にあてた手紙から、その実情の一端を記してみよう。

「一六二九年、キリシタン禁教後も密かに潜伏し信者たちを励ましていた神父や修道士たち五名を長崎奉行、竹中采女《うねめ》が逮捕し、拷問によって棄教させようとした。采女は言葉では彼らの決心を変えること、かなわじと悟って、別の手段をとることにしたのだ。

彼は、この七人（後から二人の女性信徒も加わる）を雲仙地獄の熱湯で拷問しようとしたのである。そのやり方が、残忍であった。手かせ、足かせで自由を奪っておいて、雲仙の山に登らせる。それから、一人ずつ池のほとりに立たせ、そこで沸き立つ湯の高い飛沫を見せて恐ろしい苦痛を自分の体で味わう前に棄教せよと迫るのである。当然司祭たちはそれを拒否する。すると、その瞬間から熱湯浴びせの拷問をはじめるのである。

ただし、決して殺さぬようにして、長時間、執拗に棄教を迫るのである。だから、熱湯をかける柄杓の底に穴をあけ少しずつ頭から浴びせるのである。神の助けがなければ、見ただけで失神するほどの恐ろしさなのだ。

だが、この七人は長時間の拷問を受けながら、誰ひとり悲鳴を上げなかったそうである。この拷問を三三日間、続けたのだった。長崎奉行は彼らに負けたのである」

踏絵、逮捕、訊問、拷問、磔による死刑はこの程度にとどまらなかった。幕府という権威を認めることを拒否し、キリストを唯一の権威として認めた四万人の信者がそのために拷問をうけ虐殺されていったのである。

鞭打ちや、火あぶり、磔、股裂きはいうに及ばず、最も残虐な刑として考え出されたのが、〝蓑踊り〟というものであった。これは信徒を裸にして、体がすっぽり入るような大きな蓑を着せこれに油をかけて火をつけるというものだ。信徒たちは熱さのあまり狂いまわる。その有様が、あたかも手を振り、足を上げて乱舞しているように見えるというわけでこのように名づけられたのだった。力尽きて倒れると獄吏たちは、熊手や棒などで突き刺し、全身焼け爛れて絶命するまで責めぬいたといわれている。

また、雪の中、裸で何時間も座らされ、折檻され、両腕を縛られたまま宙づりにされ、肥たごの中に頭から浸けこまれ、何度も繰り返しながら、「転べ、転べ」と脅迫するのだ。同じ人間として、よくそこまで非人間的なことができると驚愕するほどの残忍さなのだ。相当の信仰がなければ、そして、神の助けがなければ転んでしまう。

しかし、殉教者の多くは地上の王に仕えるよりも、造物主たる天の大君に仕える道を選んだのだ。狂信者たる印象は、そのあまりに残酷な迫害に耐えた精神的強さが生み出したものなのである。

神の使徒パウロはフィリピの信徒への手紙三章八で次のようにいっている。

「私の主、キリスト・イエスを知ることのあまりの素晴らしさに、いまでは他の一切を損失と見ています。キリストのゆえにわたしはすべてを失いましたが、それらを塵あくたと、みなしています」

パウロにとっては、キリストに仕えることの幸せに比べれば、財宝や、名誉や、地位や、権力や、肉体的快楽などはまさに塵芥でしかなかったのだ。むしろ、罪の中で求める快楽は、口の中で灰になるのである。

日本の殉教者たちも、地上のあらゆるものを失い、過酷な刑死が待ち受けていたとしても、天の国で神の懐に憩うことのほうを選んだのであった。

さて、己が信ずるものを捨てきれず、死をも甘んじて受けた人々をもつ宗教がわれわれが住むこの日本に、かつて存在したであろうか。

キリスト教以外にはそれを見出すことはできないであろう。

再述するが、孔子は「朝《あした》に道を聞かば、夕べに死すとも可《か》なり」といった。朝、この世の真理を発見することができれば、夕方、死んでも後悔しない、との聖者の心の叫びであった。この世の真理を発見したキリスト信者が当時の幕府の愚かな禁制によって、死に至らしめられたということである。

また、その数も一万人を超えていたと結城了悟神父（日本国籍を取得したスペイン人）は当時のスペイン語の文献を調べたうえで証言している。

もっとも、どうしても死にきれず、当時の幕府の監視から逃れて、秘かにその教えを守り通した「隠れキリシタン」の人々が長崎県、五島列島などに代々暮らしていたことはある。この人々も、転びキリシタンではありえず、むしろ、殉教者に近い人々であったに違いない。

四．カトリックの聖職者が人々の感動を呼ぶ

キリストの偉業

カトリックの聖職者たち（司祭、宣教師、修道士、修道女など）は、愛の神髄である神人キリストにすべてを賭けて従ったのだ。つまり、それが人々の感動を呼ぶのである。そして、そのキリストとは、

「イエスのなさったことは、この他にまだ数多くある。もしいちいち書き付けるならば、世界もその書かれた文書を収めきれないであろう」（ヨハネ21．25）

だが、多くの日本人のために最も、短く圧縮して、箇条書きにすると次のようになる。

＊清浄受胎――原罪（そのため人類が「老・病・死」の運命を負わされる）を犯した後の人類の惨めさを哀れまれた神が御独り子をこの世に遣す（ルカ1．26～38）。

＊馬小屋の飼い葉桶に寝かされたキリストの生誕――謙遜と清貧を教えられる（ルカ2．

1〜7)。

＊カナの婚礼で、六つのカメの水を良質のぶどう酒に変える——公生活に入る前のキリストの愛と奇跡(ヨハネ2.1〜10)。

＊彼ら漁師どもはすべてを捨てて、キリストに従った——キリストに初対面でその御顔、その御姿、その言葉に感動してすべてを捨てて、従った(ヨハネ1.35〜42)。

＊ラザロの復活——悲しむ兄弟姉妹をあわれみ人間的な涙を流して復活させる(ヨハネ11.17〜44)。

＊マリアマグダレナの改心——私は、弱者、見捨てられたもの、罪人のために、この世に来たといわれたキリスト(ルカ7.36〜48)。

＊五〇〇〇人にパンと魚を振る舞った——まず、神の国とその義とをもとめよ。さらばすべては加えらるべし(マタイ6.33)。

＊山上の垂訓——最も、愛に満ち革命的で、希望とは何かを教える感動的な説教(マタイ5.1〜12)。

＊律法学士の魂胆を見破ったキリスト。セザルのものはセザルに返し、神のものは神に返せよ——姦計を見破り、聡明に対処されるキリスト(ルカ20.20〜26)。

＊ハンセン病者を癒し、足が悪かった者を立たせ、眼が悪かった者を見えるようにし、死

者を復活させたキリスト――まだ、救世主と、その教えを理解できなかった単純素朴、無学の人々の信仰を育てるためには、奇跡が必要だったのである（マタイ8．1～8、マタイ9．18～34）。

＊白いロバに乗って、エルサレムに入城したキリスト――王の中の王、愛の王様だ（ルカ19．28～40）。

＊神殿で、両替屋の椅子をひっくり返したキリスト――世俗主義を戒められる主キリスト（マルコ11．15～17）。

＊ガリラヤ湖で大漁だったペトロ――復活後のキリストに小躍りし、半裸の自分を恥じて、水の中に飛び込むペトロ。その素朴さが微笑ましい（ヨハネ21．3～7）。

＊空の鳥を見よ。彼らは蒔くことなく、刈ることなく、倉に納めることなきに――ここでも、使徒たちに世俗的利得を追うなと戒められる（マタイ6．25～33）。

＊タボル山上での変容――弟子たちに三位一体の玄義を、おぼろげながらわからせる（マタイ17．1～8、ルカ9．28～36）。

＊使徒たちの足を洗う――上に立つものは、最も謙遜でなければならぬ、と身をもって示される（ヨハネ13．3～10）。

＊最後の晩餐――パンとぶどう酒によってキリストとともにどこででも、また何時でも、

一緒にいられる方法を設けられた（ルカ22．14〜23）。

＊ポンショ・ピラトの前のキリスト——人類の贖いのため十字架上の死を甘受される（ルカ23．13〜24）。

＊ユダの裏切り——キリストの使徒の中にも、裏切りのありうることを暗示された（マルコ14．10〜21）。

＊汝、我とともに、今日、楽園にあらん——どのような罪人でも、悔悛すれば救われる（ルカ23．39〜43）。

＊十字架上での死——これぞ、人類に対する限りない愛の証明なのだ（ルカ23．44〜49）。

＊復活を頑強に否定したトマスに「見ずして、信ずるものは幸いである」と自らの傷を示し「私の傷に手を入れなさい」とトマスに語ったイエス（ヨハネ20．24〜29）。

＊聖霊降臨——学問も、教養もない漁師たちがキリストの宣教師として全世界に布教するのだ（使徒2．1〜13）。

＊キリストの迫害者サウロが、改宗して大宣教師パウロになる。その後のローマでも大活躍（使徒9．1〜18）。

＊キリストのご昇天——人の子キリストは神であった（使徒1．8〜11）。

カトリックの聖職者、すなわち、神父、修道士、修道女たちは、キリストの愛を地球上のすべての人々に及ぼすために、一生を貞潔、清貧、従順の徳をもって捧げる決心をした人々なのである。いま、全世界、そして世界の果てで活躍する聖職者は神父だけでもおよそ四〇万人もいる。彼らには名声も権力も金銭も無縁。ただ、キリストに従うことだけを目的として生きているのである。

五．いろいろな愛の定義

自愛と利他の愛

カトリックは愛の宗教である。しかし、愛と一口にいっても、種々雑多な夾雑物があるので、このあたりで、その種類分けをしておかねばならない。この点、ギリシャ語ははっきりと区別をしている。

まず、最も普遍的に使われているのは男女間の恋愛であろう。これには欲情的な愛もあれば、純情な愛もある。しかし、男女間の愛はエロスの愛（性愛）である。

次に、主君に対する忠義があり、親に利する孝行がある。これは、ストルゲーの愛（主君や家族愛）という。また、仲間に対する友情がある。これらは確かに美しい。しかし、これも、自愛に結びついているからフィリアの愛（友愛）という。一方で、恋愛でもなければ、友情でもない愛がある。まったく自愛を伴わない愛だ。

ただただ、縁もゆかりもない隣人に、他人に、時には外国人に尽くす愛だ。これを、アガペーの愛（理性愛）という。

ハンセン病者のために、自分の一生を捧げ尽くすまったくの利他の愛である。カトリックが最高の価値を置くのがこのアガペーの愛なのである。キリストの言葉に、

「私があなたがたを愛したように、互いに愛し合いなさい。友のために自分の命をすてること、これ以上に大きな愛はない」（ヨハネ15・12）とある。

また、他のところでは、

「敵を愛し、あなた方を憎むものに親切にしなさい。悪口をいうものに祝福を祈り、あなた方を侮辱するもののために祈りなさい。あなたのほほを打つものにはもう一方のほほをも向けなさい」（ルカ6・27）

キリストのアガペーの愛とはかくのごとくである。

それをさらに具体的に敷衍したのが聖パウロのコリントの信徒への手紙であろう。

「そこで、私はあなたがたに最高の道を教えます。たとえ、人々のいろいろな言葉を話

し、天使たちの言葉を語ろうとも、愛がなければ、私は騒がしいドラ、やかましいシンバル。たとえ預言する賜物をもち、あらゆる神秘とあらゆる知識に通じていようとも、たとえ、山を動かすほどの完全な信仰をもっていようとも、愛がなければ、無に等しい。全財産を貧しい人々のために使い尽くそうとも、誇ろうとしてわが身を死に引き渡そうとも、愛がなければ、私に何の益もない。愛は忍耐強い。愛は情け深い。ねたまない。愛は自慢せず、高ぶらない。礼を失せず、自分の利益を求めず、いらだたず、恨みを抱かない。不義を喜ばず、真実を喜ぶ。すべてを忍び、すべてを信じ、すべてを望み、すべてに耐える。愛は決して滅びない」（コリントI 12：31〜13：8）

次に、実例をお話ししよう。

洞爺丸事故《とうやまるじこ》をご存じだろうか。もう五八年も前の昭和二九年（一九五四年）九月二六日のことだから、相当の年配者でなければ、知らないはずだ。青函航路で台風第一五号により起こった旧国鉄の青函連絡船での海難事故である。死者・行方不明者あわせて一一五五人に及ぶ、日本海難史上最大の惨事となった。

たまたま洞爺丸に乗り合わせた三名の外国人キリスト教宣教師デーン・リーパー（YMCA）、アルフレッド・ストーン（メソジスト）、ドナルド・オース（メソジスト）の人道的な活動が伝わっている。

この断末魔の時、手品で子供を和ませたり、自分の救命具を居合わせた乗客たちに着せてやったりの行動があったという。リーパーとストーンは遭難死して、オースが奇跡的に生き残った。

この二人の宣教師、リーパーとストーン、まったく見知らぬ人のために自分の命さえもさしだす。これが、利他の愛、理性愛たるアガペーの愛なのである。

イエス・キリストが悩める者、哀しむ者、貧しい者、身体障がいで苦しむ者、また、監獄にある者、すべての人々から見捨てられた人をいかに愛したかは次の「山上の垂訓」にも見られる。いま、マタイによる福音書五章から引いてみよう。

イエスはこの群衆を見て山に登られた。腰を下ろされると、弟子たちが近くに寄ってきた。そこで、イエスは口を開き教えられた。

「心の貧しい（清貧の）人々は幸いである。天国はこの人たちのものである。
悲しむ人々は幸いである。その人たちは慰められる。
柔和な人々は幸いである。その人たちは地を受け継ぐ。
義に飢え渇く人々は幸いである。その人たちは満たされる。
憐れみ深い人々は幸いである。その人たちは憐れみを受ける。

心の清い人々は幸いである。その人たちは神を見る。

平和を実現する人々は幸いである、その人たちは神の子と呼ばれる。

義のために迫害される人々は幸いである。天の国はその人たちのものである。

私のためにののしられ、迫害され、身に覚えのないことであらゆる悪口を浴びせられる時、あなた方は幸いである。喜びなさい。大いに喜びなさい。天には大きな報いがある。あなた方より前の預言者たちも、同じように迫害されたのである」

六．なぜ、カトリックが世界最大の宗教なのか

カトリックとはラテン語で普遍を意味する

日本ではわずか四五万の信者数を数えるに過ぎないカトリックではあるが、二〇〇八年、ヴァチカン教皇庁の発表によると世界人口六八億のうち、カトリック信者は一一億九六〇〇万を数えている。しかも、ローマ教皇の下、四〇万八〇二四人の宣教師（司祭）、また別の統計では七五万三四〇〇人の修道女が働いている。

その組織、統一性、全世界性、影響力において他のいかなる宗教も比肩できない。カト

リックとはラテン語で普遍を意味する。このことから、カトリックは全世界に普遍的に広がっている。

ヨーロッパでカトリック信徒の多い国は、ラテン諸国といわれる国でフランス、イタリア、スペイン、ポルトガル、非ラテン諸国ではオーストリア、ベルギー、クロアチア、チエコ、ハンガリー、アイルランド、リトアニア、マルタ、ポーランド、スロバキア、スロベニアである。ドイツ、オランダ、スイスおよび北アイルランドはカトリックとプロテスタントがほぼ同数である。アメリカ大陸では特に中南米に信徒が多く、特に多いのはメキシコ、ブラジル、アルゼンチン、コロンビア、パラグアイである。

私が一九六〇年代に探訪したネパールの山間部にも、カトリック教会があったし、また、イスラム教国のパキスタンにも、カトリックの宣教師たちが汗みどろで頑張っていたし、熱帯の国バングラディッシュのダッカではうら若いヨーロッパ人の修道女が泥にまみれて働いていた。したがって、極東ロシアにも、共産主義国ヴェトナムにも多くのカトリック信者が暮らしている。

英国国教会、東方教会、さらにプロテスタント系のキリスト教などを含めると優に二二億の信者人口をもつ。それも、近代科学の発祥の地ともいえるヨーロッパおよび、南北アメリカの人口の大多数を占めている。また、アジアでは、フィリピンなどがカトリックの国であるし、最近では韓国でキリスト教徒が急速に増えている。人口の三分の一に達する勢いである。

このカトリックがなぜ、世界的規模をもち、世界の辺境から、大都会に至るまで圧倒的な信者を抱えているのだろうか。それは少なくとも、以下の真の宗教のもつ七点のクライテリアをパスしていることに依拠しているのではなかろうか。

①　その宗教はよしんば、理性を超越することはあり得ても、理性と矛盾してはならないことである。

②　その宗教を奉ずるがために、人間の宗教以外の道すなわち人倫の道に、抵触するようなことがあってはならないこと。

③　それが昔でもいまでも、西洋でも、東洋でも、時と場所の如何を問わず、根本において変化のない人の本性に基づくものである以上、その道も根本において、時代や国によって変化のあるべきものでないということ。

④　その宗教社会から現代における優れた科学技術、芸術、知的財産が生まれていること。

⑤　現代人の洗練された理性をもってして、哲学的、論理的矛盾がないこと。

⑥　世界の紛争、不正、憎悪、対立、不義を排除し、弱者、病者、老人に対する慈悲深い献身によるサービスを提供していること。
⑦　大多数の世界人がその宗教に属していること。それも、その宗教に属することによって高い知的、霊的水準の民族に育つこと。

静澄、博愛、真理、論理的一貫性を湛えるカトリックであればこそ、哲学、数学、天文学、物理学、化学、医学など、科学の基礎を築いた宗教、思想、論理形式が構築されたことになる。

一方、日本ではどうか。明治維新以来、脱亜入欧（アジアを脱して、ヨーロッパ文化の仲間入り）を果たした日本であるから、欧米文化のすべてを備えている。オーケストラをはじめとする音楽文化、絵画彫刻を自家薬籠中のものにした大正、昭和、平成時代に至っては、咀嚼、吸収し尽くした欧米物質文化を、逆に日本化して世界に発信するようになった日本人である。これだけの文化文明のインフラを築きながら、なぜか欧米の精神的主柱であるキリスト教の受け入れは遅々としている。

この美徳の数々は、素晴らしい宗教の証し

その樹が良い樹であるか否かは、その実らせる果実を見ればわかる。その人間が本物であるか否かは、その行ないによって、判断することができる。その宗教が、ほんとうの真理を告げているか否かは、その活動を見ればわかる。

有史以来、カトリック教会ほど、社会活動に貢献した教会はない。そこに、戦争、災害、疫病、貧困など惨たらしい惨状が展開されている時、決まってカトリックの聖職者や、医師、看護師など医療関係者が血と泥にまみれて活躍している。

彼らは、貧者や弱者や老人や被災者や病人の中にキリストを見るのである。空の星のように数多くの聖人を輩出したのもカトリックである。聖人伝や福者の数となると、数万冊の本が出ているほどである。

全世界、特に貧困の地で、病院、学校、失業者救済事業に何百万人もの聖職者をはじめ人々が奉仕しているのもカトリックである。日本でも、蟻の町のマリアといわれる人がいたし、同じく社会から見捨てられた人々とともに、貧民窟で一生を過ごしたゼノ修道士のような人もいる。

また、日本の修道女たちは、フィリピンの貧民窟で彼らと寝食をともにしている。エチオピアはじめ、最も発展途上なアフリカの奥地でも活躍している。

さらに、最近では、二〇一〇年一月一二日、死者三一万人の大地震に襲われたハイチの人々が心待ちにする日本女性がいる。人呼んで「ハイチのマザー・テレサ」、医師で修道女の須藤昭子さん（八五歳）だ。彼女だけのために一冊の本が書けるほどだ。

特に助けを求めている人々のためには、疫病の蔓延する発展途上の地であろうが、生命の危険をはらむニューヨークやロサンゼルスのハーレムであろうが、麻薬組織のはびこる中南米諸国であろうが、どこへでも出かけて行くのである。

キリストが弟子たちを前に発した、「汝等ゆきて万民に我が教えを伝えよ。我は何時の世にても、汝等とともにいるなり」との言葉が、いまだ脈々と彼ら聖職者たちの胸を打ち続けているのである。

世界の現況を見ると、相変わらず文明の衝突があり、地域紛争や、憎しみの復讐が繰り返され、難民が溢れ、飢餓に苦しみ、身体障がいに悩む多くの人々の呻きが聞こえる。しかし、世界を広く見渡せば、相変わらず隣人愛のために献身し、無償の社会奉仕に挺身する人々がいる。

第五章　キリスト教について知っておきたいこと

さて、ここでキリスト教、なかんずく、カトリックの信条のごく一端をご紹介する。最も、二〇〇〇年にわたって数多の人々によって信仰されてきた教えである。

これを、説明するには万巻の書が必要となり、少なくとも半年ほどの入門コースを経なければ、信仰の緒にさえ近づけないかもしれない。しかし、読者の皆さんにその概要だけでもお知らせしておくのは、かならずしも、無駄ではあるまい。以下はダイジェストのダイジェストに過ぎないことをお断りしておく。

一・キリスト教の神

この大宇宙を仰ぎ見る時、見えざる偉大なる創造者、支配者を思わずにはいられない。天体の数学的秩序に則った完璧な運動、しかも、常に生成と滅亡を繰り返す大自然の営み、そして、地球上に生息する植物、動物、人間の呼吸と営み、これらをみて、われわれは生かされている、この生命の根源こそが、創造主である神に違いない、と思わずにはいられないのだ。つまり、キリスト教の神はまず創造主であり生命の根源であり、また、人間を愛してやまない神なのである。

美しく豪壮なる建築物を見る時、そこには設計者、建設者、保全維持者がいるに違いないと信ずるように、この大自然を、その呼吸を、そしてその循環をみれば、それは全知全能全善なる神、宇宙の絶対者にして真善美の究極の存在に行きつかざるをえないであろう。広大な海洋、壮大な霊峰、夕焼け雲の茜色、鬱蒼たる森林、小川のせせらぎ、小鳥の囀り、人々の生き生きした生活、笑い、祈り、語り、歌い、愛し合う人々の姿から麗しさの根源を辿ることができる。それは、一神教の概念があってこそ、初めて悟ることができる事柄なのだ。知恵の書一三章一から引用する。

「神を知らない人は皆、生来空しい。彼らは目に見える良いものを通して存在そのものである方を知ることができず、作品を前にしても作者を知るに至らなかった」

二、キリストの神性（Divinity）

キリスト教徒が信ずるキリストは、ソクラテスやプラトン、釈迦、孔子、モーゼのような聖人や預言者と同列に論ぜられるような存在ではない。その特徴は、キリストの全生涯が預言されていたからである。すなわち、生誕地がベツレヘムであることや、童貞女の胎をかりて受肉（Incarnation）することや、その生誕時期はローマ皇帝サイラスがエルサレムの壁の再構築を命令したそのわずか後の特定期間であること。また、ナザレットという町で生活すること、救世主として新約の教えを説くことや、十字架上のキリストの渇きを癒すためにぶどう酒をいっぱい含ませた海綿が与えられること、十字架の死を遂げることや、その十字架の下で彼の衣がローマの兵士たちによってくじ引きで分配されることや、死後三日目に復活することなどが、キリスト生誕前、数千年にわたって、繰り返し、繰り返し預言されていたのである。事実、キリストの生涯は預言通りの生涯だった。

旧約時代の律法を覆す革命的な教え、敵のために祈る愛、湖の上を歩き、暴風雨を鎮静させ、ハンセン病者を清め、死者を復活させ、多くの人々の心を慰め、癒し、強め、永遠の生命に至る道を示されたのである。

十字架の死に至る生涯はわずか三三年。しかも、民衆に教えを説いた公生活はわずか三年でしかなかったのだが、この二〇〇〇年有余にわたってその神性が何度となく試され、あらゆる異端の教えや、科学的無神論に打ち勝って厳然として人類の指標となっている。キリストは聖人ではなく受肉した言葉（神）なのである。「天啓の宗教」と言われる所以である。

「私は道であり、真理であり、命である。私を通らなければ、だれも父のもとに行くこと

ができない」（ヨハネ14・6）

三．三位一体とは

これはキリスト教ならではの玄義である。「父なる神」と「子なるキリスト」と「聖霊」の三位格（三つのペルソナ）が、一つの神に統合されているということだ。ここで、父とは創造者にして、支配者である神、そして、子とは父なる神から遣わされたその御独り子イエス・キリスト、そして、知恵と愛と力の根源たる聖霊をいうのである。

父なる神は、アダムとエヴァの原罪の上に更に積み重なる個々人の罪によって、疲弊し、呻吟し、困窮する人類を憐れに思われ、その御独り子、イエス・キリストを罪の贖い主、救い主として、地上に派遣されたのである。「父なる神はその御独り子を遣わされるほど、この世を愛された」とある。その派遣の仕方が童貞女マリアの胎をかりて、受肉し、人間としてわれらの内に住み給うのだ。コリントの使徒への手紙三章一三には、「主イエス・キリストの恵み、神の愛、聖霊のまじわりが、あなたがた一同と共にあるように」と記されている。

キリスト教に入門を意味する洗礼も「父と子と聖霊のみ名によって汝に洗礼を施す」（マタイ28・19）と唱える。キリストは創造主なる父なる神と一体だから、宇宙創造前から存在する究極の源でもあるのである。

四・キリストの十字架の意味

キリスト教以外の歴史学者たちは、キリストが十字架刑によって殺されたことを述べている。つまり、イスラエル人を扇動して、ユダヤの律法に革命をおこし、当時の大祭司たちの偽善を暴いたために彼らの憎悪を得、自らを神の子と称したことに、冒瀆罪を科し、十字架刑に処したことになっている（それが非信仰者によるキリストの描写であるが）。実はキリスト自ら、人類の原罪をはじめとする度重《たびかさ》なる惨たらしい罪の償いを人類に代わって自ら背負われたのである。

われわれの犯した罪の膨大さを見てみよう。

人祖以来から世の終わりまでの人間が肉体をもって創造主に背いた数限りない不潔な罪の山、無抵抗な胎児を無数に殺していく血のメスは、贖い主キリストにむけて血の鞭を振るわせるのである。さらに傲慢、虚栄、憎悪、好色、姦淫、強欲、殺人、窃盗、復讐、邪推、嫉妬、脅迫、陰謀、虚偽、偽証などなど、われわれ人類の積年の罪は、神の子イエスの十字架の死によらなければ、償いきれなかったのだ。

ヨハネ福音書一〇章一八では「誰も私から命を奪い取ることはできない。私は自分でそれを捨てる。私は命を捨てることもでき、それを再び受けることもできる。これは、私が父から受けた掟である」と、キリストは宣言されている。

つまり、大祭司やファリサイ派など当時の権力者に抗したから、死刑を宣告され十字架の死に追いやられたのではなく、（その状況を造りながら）人祖アダムとエヴァの原罪を含めて、数千年にわたって人類が犯した膨大な罪の償いを、愛の極みである十字架によって、償われたのである。人類と神との断絶について十字架上の死によって、贖罪を果たしたということが人類の救世を齎したことになる。キリストをメシア（救世主）と讃える所以である。

このことは、旧約聖書によって繰り返し、細かく預言されていたことの実現に他ならないのだ。

五．ミサ聖祭とは

プロテスタントでは聖書を中心に信仰生活を送る。カトリックはもちろん聖書を主軸とするが、使徒伝承、そして、典礼を重視し尊重する。その典礼の中心がミサ聖祭である。

さて、ミサ聖祭は、毎日曜日はどこの教会でも全信者の参集の下に捧げられる。ミサとは、かの最後の晩餐の再現であり、キリストの十字架の死と復活にあずかることなのだ（教会では日曜に限らず、司教、司祭により毎朝、捧げられる）。

「一同が食事をしている時、イエスはパンを取り、賛美の祈りを唱えて、それを裂き、弟子たちに与えながらいわれた。取って食べなさい。これは私の体である。また、杯をとり、感謝の祈りを唱え、彼らに渡していわれた。みな、この杯から飲みなさい。これは罪が赦されるように、多くの人のために流される私の血、契約の血である」（マタイ26・26〜28）。

このパンを食べ、このぶどう酒を飲むものは永遠の生命を得る、と宣言された。つまり、パンは目に見えない形で生きているキリストの体、ぶどう酒はキリストの血、これを体に戴くことは、この体を生きているキリストの聖殿に変え、智慧と力と希望の聖霊の恵みを受けることになる（もっとも、この秘跡はカトリックの玄義であり、深遠なる信仰が要求される）。永遠の神の国においては一〇〇〇年も一日である。二〇〇〇年前のキリストによる最後の晩餐は今日、この瞬間に再現されるのだ。

これによって、ミサに参加し、パンの形になった聖体を拝領することは信徒にとって、キリストという幹に繋がった枝を形成することになる。この聖体を拝領するものはキリストにおいて真の兄弟姉妹となり強い絆で結ばれることになるのである。カトリック信者にとって毎日曜日のミサはまさに、心の糧であり、生けるしるしになるのだ。

六．原罪

本来人間はエデン（神の楽園）にて永遠の命を楽しみながら幸せに暮らすように造られていたのだ。土から造った人間だが、神はその鼻の穴に息（霊魂）を吹き込み自由意志と理性をもった人間に造られたのだった。男アダムと女エヴァはこの楽園において神の恵みをフルに浴びながら、永遠の幸福な生活を営むように造られていたのである。

しかし、神はこの至幸なる人間に一つのテストを与えた。旧約聖書によれば楽園の一隅に智慧の木を置きこの木の実を食べてはならないと命じられた。悪い木の実と象徴しているが、それは人類に対するテストなので実際はもっと込み入った試練だったかもしれない。それにしてもアダムとエヴァは、蛇の形をした悪魔に魅せられてこの掟を破りこの実を食べてしまった。これは創造主、神に対する途方もない反逆であり大罪であった。この罪の（遺伝）によって、肉体をもつ人類は永遠にこの罪を担い、死の支配を受けなければならない存在となったのである。罰として死以外に、生みの苦しみ・病の辛苦・惨めな老の宿命が科せられることになった。人類はこの人祖アダムとエヴァの罪の遺伝を代々背負わなければならなくなったのである。この罪を原罪、Original sinと呼んでいる。それが、イエス・キリストの贖罪（つぐない）によって初めて、人類が原罪から救済されることになったのだ。

このお伽噺のようなストーリーの中に、実は否定しようのない人類の歴史と現実が刻まれているのである。

七．奇跡について

度重なる預言によってキリストの生誕と言動と、その教えはイスラエル人に知らされていたものの、完全な人性をもった、イエス・キリストが神の権能をもって生誕したことを証明しなければならなかった。その卓越した教えに耳を傾ければその神性を理解することができるはずだったが、当時の貧しく苦難に満ちたイスラエル民族にはその神性を見分ける智慧も感性もなかったのである。いわば、「貧すれば鈍する」状態にあったのだった。しかも、その公生活は三年という短期間に限られている。この短期間に受肉した神であることを示し、その圧倒的な権能によって全世界に福音を行き渡らせなければならなかった。

そもそも、奇跡とは常識や科学では考えられない神秘的、超自然的で不思議な出来事、現象をいうのだが、聖書ではこの奇跡は「神の力ある業」「しるし」とも記されている。按手によって病を癒す程度のことは一〇〇回以上行なわれている。ハンセン病を一瞬にして癒したり、死者を蘇らせたり、湖上を歩いたり、暴風雨を鎮静させたりするのは万能の神にして初めて可能とされるのである。これらはイエスがただ超自然的な不思議な行為をしたというだけでなく、神の国を齎す「来たるべきかた」として、不思議な霊力、超自然的能力をもった救い主であることを証明しているのである。

また、これらの奇跡は単に愚民愚夫を驚かせる手段ではなく、創造主たる神の人類への限りない愛を悟らせるためのものでもあったのだ。

八．修道会と修道院

カトリックは初代の一番弟子ペトロの後継者としてローマ教皇の制度をもっている。いまのベネディクト一六世教皇はペトロから数えて二六五代目にあたる。そしていまや、一一億九六〇〇万人の信者を擁する世界最大の宗教に育った。そこで、信徒や聖職者などが、それぞれ、神の栄光を表す手段として修道会を立ち上げたのである。

修道院は四世紀ごろからあり、祈りと瞑想と献身をモットーとするが、また、学問的拠点としても活動した。種の起源を書いたのは修道院長のグレゴール・メンデルだったし、現代の会計の基本、複式簿記を発明したのは同じく修道士のルカ・パチョーリだった（一四九四年）。祈りと労働を主とするベネディクト会や、トラピスト会、教育や病院経営、社会事業を中心とするイエズス会や、フランシスコ会、レデンプトール会、放送や出版などによる宣教に勤しむ聖パウロ会などがある。

その共同生活をするよすがとして修道院があるのである。修道会や修道院がまちまちでも、信仰箇条は完全に一致している。また、修道生活に清貧、貞潔、従順がその基礎にある。現代日本では、男子修道士は約三〇〇〇人、修道女は約七〇〇〇人がいる。

九. 聖母マリアについて

飢えるように救世主を待ち望むマリアの下に、神々しい光がサッと差したと思うと、大天使ガブリエルが現れて、

「神様に愛されている者よ、あなたは身ごもって子を産むでしょう。その名はイエスと名づけなさい」

マリアは驚いて「私は男を知らないのにどうしてでしょう」と尋ねる。大天使は答えて、

「神の全能の力が降り、あなたから生まれる聖なるものは神の子と唱えられます。見なさ

い。石女《うまずめ》といわれたあなたの叔母エリザベスも身ごもり、はや六カ月目です。神様には何でもできないことはないのです」

マリアは聖寵に満たされて、「私は主のはしためです。仰せの通り私になりますように」と。さらに声高く、

「わが魂は主を拝み、私の心は私の救い主である神によって喜びに溢れています。それははしためのような私を高めてくださったからです。さあ見てください。いまより万代まで、人は私を幸せなものと呼ぶでしょう」

マリア信仰という言葉があるが、これはヨーロッパで生まれた慣用語で、決して全能の神と同列のものではない。マリアは被造物である人間である。だから、崇敬はするが、礼拝はしない。ただ、神の子イエスを誕生させるために神が選んだ女性だったのである。選ばれただけのことがあって、その徳は高く、心は清澄で、知性に溢れ、美に輝いていた童貞女であった。イザヤはキリスト生誕七〇〇年前に、「見よ、童貞女が懐胎して一子を生まん。その子をインマヌエル（神は私たちとともにおられるという意味）と唱えるべし」と預言していた。

マリアは、ここで被造物の人間でありながら「天使と人類との元后」と呼ばれるのである。

一〇．旧約聖書と新約聖書

キリスト教にとって、聖書は最も重要な文献である。そして旧約聖書と新約聖書とがある。キリスト教国でない日本でも、ロングセラーを続けており、毎年一〇〇万部売れているというから、キリスト教思想を知ろうとする人々がいかに多いかがわかる。

一般に聖書というと旧約聖書と新約聖書とがある。非常に単純化して説明すると、旧約聖書はイエス・キリストを生み出す土壌となったユダヤ教の聖典である。キリスト教では、イエス・キリストの契約を記した新約聖書に対して、これを旧約聖書と呼んでいる。その第一書「創世記」では天地万物、人間、イスラエル民族の起源が述べられており、第二書「出エジプト記」では、イスラエルの民族のエジプトからの脱出とシナイ山の契約が述べられている。主として、それは律法を示しているのだ。さらにイスラエルの民の歴史的な体験を物語る文書が続いている。特に人類の贖罪のために救世主を待ち望む希望と預言が記述されている。これはキリスト教のみでなく、ユダヤ教の聖典にもなっているのである。

また、旧約聖書は次のような人類の根本的な「なぜ」、に対しての解答があり、真理へのガイドラインとなっている。

なぜ、人間が地上の支配者なのか
なぜ、生老病死などの苦があるのか
なぜ、死が恐ろしいのか
なぜ、人間は人種に分かれ別々の言語を用いるのか
なぜ、男女ができたのか
なぜ、天変地異があるのか
なぜ、人間は労して糧をえなければならなくなったのか
なぜ、戦争や民族間の紛争や災害や病気や飢饉が起こるのか
なぜ、救世主としてキリストが生誕されたのか
なぜ、この世は「諸行無常」ではないのか

それに対して、新約聖書はキリストによる救い、「人類救済の約束、契約」を記した書である。主としてマタイ、マルコ、ルカの三共観福音書と、ヨハネの福音書からなっている。これらすべてイエス・キリストの生誕から、その公生活における教えの数々が述べら

れ伝えられている。

また、イエス・キリストの行なわれた数々の奇跡、癒し、慰めの記述があり、その多くの偉業にもかかわらず、旧約の預言通り、旧来の律法の固執から離れられない当時の為政者、律法学者、ファリサイ人などから、迫害を受け、十字架の苦しみと死によって、人類の度重なる罪を贖う愛の行為が綴られている。さらに、キリストが死後三日目に復活し、人類に対する多くの慰めを与えながら昇天されるまでのことが書かれている。新約聖書はキリスト教信者にとって、神への信仰と、日常の生活を律するガイダンスになっている。

おわりに

ここまでお読みいただいた読者諸賢の忍耐に対し深甚なる感謝と敬意を表します。

この本の終わりに当たっては、われわれ日本人として二〇一一年三月十一日、東日本を襲った大震災に触れずに、締めくくることはできません。この大災害は東日本、しかも太平洋側に集中して死者行方不明者二万人を出し、残酷にも自宅を離れて避難されている方々が未だに四〇数万人に達している苦境にあります。

この大災害をじかに経験されたのは青森、岩手、宮城、福島、茨城の方々でしたが、これは被災しなかったその他の日本人全体の心と精神にも大打撃を与えるものでした。

今は物言わぬ二万人の死者、行方不明者の方々が体験した恐怖、苦痛、家族の安否、絶望、死の悶えはいかばかりであったでしょう。やり残した仕事、抱き続けた希望、親密な人々との絆、それが瞬時にして大自然の暴虐狼藉によって奪われてしまったのです。この災害は生き残った日本人全体に対しても早晩、起こりうることです。それも、相当高い確率を持って。

この災害の源は太平洋プレートと、陸側のプレート（岩盤）に圧力がかかって生じたものでした。マグニチュード九という未曾有の地震でした。それにリアス式地形が津波を三〇メートルの高さまで押し上げ、水産工場も、養殖地も、学校も、商店も、家屋も、瀟洒な公共建築物も、ピカピカの自動車も一瞬にして奪い去ってしまったのです。富裕層も、中産階級も、労働者もニートも一瞬にして、ホームレスの境遇に陥れてしまったのです。未だ、四〇数万人の被災者の方々が苦境に呻吟しています。深くご同情を申し上げるとともに、喫緊の救済を願うばかりです。

そして思います。

ここで普通の生活がいかに有難いものであるか。その有難さに感謝することなく日常の不満や不平を呟いていた私たちがいかに贅沢であったかも、自覚したのではないでしょうか。

会社では上司の顔色、同僚の噂、部下の嘆きが氾濫し、家庭では親子関係、夫婦関係にとかく摩擦が起こり、子供の学校での悩み事を悩んだりする。

また、近所との付き合いに心を砕く。僭い人間関係に気を使い、気をもみ、気疲れし、一喜一憂するのです。

これらの日常の煩瑣な悩みさえも贅沢に思えたのではなかったでしょうか。ここでわれわれ日本人は、いかに高度の物質文明を誇ったところで大自然の気まぐれ（または摂理）

の前には全くの無力であることを思い知らされたのでした。ことに日本は無数の活断層の上に乗っかった地震列島です。この地震が連動して、これから三〇年の間に東南海地震、南海地震、首都圏直下型地震の起こる確率は七〇％との予測もあります。われわれはガラスの床の上で生活しているようなものなのです。浮世を生きているのです。泡沫のフローティング・ワールドなのです。

人生は儚い。どんなに権力財産などを誇ったところでせいぜい数十年も生きません。このあたりで、人生のパラダイムを再検討してみてはどうでしょうか。

この大災害はわれわれ日本人に哲学的人生論の転換を迫っているように見えます。より、直接的な表現を許していただけるなら、「日本人よ、神のメッセージを読め」と迫られているような気がします。

たまには、親兄弟、友人知人、利害関係者などと織りなす横の人間関係をしばし、はなれて、縦の関係、つまり天上に心を向けてはどうでしょうか。ラテン語でSURSUM CORDA、（心を天に上げよ）と言います。

われわれ人類を創造された造物主たる神を、被造物であるわれわれ人間が礼拝し、感謝し、お願いするのが当然ではないでしょうか。造物主たる神とその神に似せられて造られた人間の深い愛の形の中でわれわれの生活は営まれているのです。神と人とは造物主と被造物の関係であるのみでなく、それは強く深い愛によって結ばれた親子のような親密な間柄なのです。

では、このような人間には永遠の安定や平和があるのでしょうか。人生は六十年か、七十年か、よくて、八十年です。それにもかかわらず、われわれ日本人はヨコの関係、つまり人間同士の関係が全てなのです。つまり儚い横の人間関係も捨てられませんが、最も確実な天上に向かう縦の関係を重視し、かつ回帰するところに本当の安心立命があるのではないでしょうか。

このあたりでわれわれ日本人は生命のスパンを永遠の時間軸に広げて、考え直し、人生のパラダイムの改革を真剣に考え直さなければならなくなります。つまり人生観の建て直し、価値観の再構築なのです。このようなパラダイム・シフトとは、ものから心へ、心からさらに永遠なるもの、そして万物の創造主にまで思いを辿ることです。物や金では真の幸福は得られません。

ワシントン・ポストの諧謔作家、アール・プチワルドが言うように「人生における最良のものは物ではない」のです。

マタイによる福音書の6章19には次の言葉があります。

「あなた方は地上に富を積んではならない。

そこでは、虫が食ったり、さび付いたりするし、また、盗人が忍び込んで盗み出したりする。富は天に積みなさい。そこでは、虫が食うことも、さび付くこともなく、また、盗人が忍び込むことも、盗み出すこともない。あなたの富のあるところにあなたの心もあるのだ」

とはいうものの、明日からの生活もあり全日本的には復興が焦眉の急を告げています。だから世俗にあるわれわれは聖フランシスコ・サレジオの現実的アドヴァイスに耳を傾けましょう。

「私は貴方の心の中に富と清貧と、即ち、富に対する大いなる軽蔑と、世事に対する深い配慮とを同時に入れようと思う」

ですから、日本の生活者であるわれわれ世人は折角、いただいた人生を大事にしましょう。

命の続く限りは超自然的存在（創造主）に対する畏敬と、隣人に対する愛と奉仕を人生の主柱とし、かつ、実践したいものです。真の幸福は全能の父なる神の懐に憩うことです。

二〇一二年一〇月

長島総一郎

参考文献

書名	著者、訳者	発行所
遠藤文学とカトリック教会	アデリノ・アシェンソ神父	カトリック新聞
カトリックの信仰	岩下壮一	ソフィア書院
カトリック要理改訂版	カトリック中央協議会	中央出版社
カトリック信仰の基礎	荻原晃	中央出版社
カトリック教会の教え	新要理書編纂特別委員会編集	カトリック中央協議会
カトリックの国ポーランド	長島総一郎	聖母の騎士社
教皇訪日物語	水浦征男	聖母の騎士社
ヨハネ・パウロ二世日本の四日間	山内継祐	フリープレス社
コルベ神父の生き方	ヘンリ・ワルター著 後島まり子訳	フリープレスサービス
市塵（上下巻）	藤沢周平	講談社文庫
新共同訳：新約聖書		日本聖書協会

新共同訳：聖書（旧約聖書続編付）		日本聖書協会
密航最後の伴天連シドッティ	古居智子	新人物往来社
精神障碍者の父：ガルニエ神父	杉原寛信神父記事	カトリック新聞
人類の大ロマン：イエズス・キリスト	長島総一郎	聖母の騎士社
アシジの聖フランシスコの第二伝記	小平正寿・フランソア・ゲング共訳	あかし書房
ロザリオの黙想について	小越喜代	聖母の騎士社
高木仙右衛門覚書の研究	高木慶子	中央出版社
沈黙	遠藤周作	新潮文庫
外海の聖者ド・ロ神父	谷真介	女子パウロ会
幕末・明治維新に来日した一フランス人神父の事業経営の研究	山川勝巳	学位論文
二十六の十字架	谷真介	女子パウロ会
二十六聖人と長崎物語	結城了悟	聖母の騎士社
フランシスコとともに	「フランシスコとともに」編集委員会	日本在世フランシスコ会

人口から読む日本の歴史	鬼頭宏	講談社学術文庫
もう一人のわたし	C．J．エンツラー著 庄司篤訳	いつくしみセンター
亡びぬものを	永井隆	アルバ文庫
マザーテレサのことば	半田基子訳	女子パウロ会
山口の討論	ミュールハマー著 神尾庄治訳	新生社
60歳から始める真理探し	長島総一郎	フリープレス
http://www.hi-ho.ne.jp/luke852/ukon/ukon002a.html		（高山右近について）
http://www.jinken-net.com/gozonji/information/1108.ht		（ひろげよう人権のHP）
http://www.earth-words.net/human/mother-teresa.html		（マザー・テレサの名言集）

PHP新書

PHP INTERFACE
http://www.php.co.jp/

長島総一郎［ながしま・そういちろう］

1926年、広島県呉市生まれ。経営コンサルタント。1995年、国立ワルシャワ経済大学にて経済学博士号取得。1941年カトリック入信（在世フランシスコ会員）。

50年間で約500社を経営指導。35万人の経営幹部、労働組合幹部の教育訓練に従事。海外では、北米、東欧、インド、韓国や中国などで80回以上生産技術指導を行なう。また、アメリカのウエスチング・ハウス、メリーランド大学、ミシガン大学などで『日本の経営』について、二十数回にわたって講演した。

著書は、『人類の大ロマン、イエズス・キリスト』『カトリックの国、ポーランド』（以上、聖母の騎士社）、『60歳から始める真理探し』（フリープレス）の他、経営関連著書多数。

監修：三浦功神父（イエズス会司祭）

日本史のなかのキリスト教

PHP新書834

二〇一二年十一月二十九日　第一版第一刷

著者――長島総一郎
発行者――小林成彦
発行所――株式会社PHP研究所
東京本部――〒102-8331　千代田区一番町21
新書出版部 ☎03-3239-6298（編集）
普及一部 ☎03-3239-6233（販売）
京都本部――〒601-8411　京都市南区西九条北ノ内町11
組版――朝日メディアインターナショナル株式会社
装幀者――芦澤泰偉＋児崎雅淑
印刷所
製本所――図書印刷株式会社

ISBN978-4-569-80884-0

PHP新書刊行にあたって

「繁栄を通じて平和と幸福を」(PEACE and HAPPINESS through PROSPERITY)の願いのもと、PHP研究所が創設されて今年で五十周年を迎えます。その歩みは、日本人が先の戦争を乗り越え、並々ならぬ努力を続けて、今日の繁栄を築き上げてきた軌跡に重なります。

しかし、平和で豊かな生活を手にした現在、多くの日本人は、自分が何のために生きているのか、どのように生きていきたいのかを、見失いつつあるように思われます。そして、その間にも、日本国内や世界のみならず地球規模での大きな変化が日々生起し、解決すべき問題となって私たちのもとに押し寄せてきます。

このような時代に人生の確かな価値を見出し、生きる喜びに満ちあふれた社会を実現するために、いま何が求められているのでしょうか。それは、先達が培ってきた知恵を紡ぎ直すこと、その上で自分たち一人一人がおかれた現実と進むべき未来について丹念に考えていくこと以外にはありません。

その営みは、単なる知識に終わらない深い思索へ、そしてよく生きるための哲学への旅でもあります。弊所が創設五十周年を迎えましたのを機に、PHP新書を創刊し、この新たな旅を読者と共に歩んでいきたいと思っています。多くの読者の共感と支援を心よりお願いいたします。

一九九六年十月

PHP研究所

PHP新書

［宗教］

123 お葬式をどうするか　ひろさちや
210 仏教の常識がわかる小事典　松濤弘道
300 梅原猛の『歎異抄』入門　梅原 猛
716 心が温かくなる日蓮の言葉　大平宏龍

［歴史］

005・006 日本を創った12人（前・後編）　堺屋太一
061 なぜ国家は衰亡するのか　中西輝政
146 地名で読む江戸の町　大石 学
286 歴史学ってなんだ？　小田中直樹
384 戦国大名 県別国盗り物語　八幡和郎
446 戦国時代の大誤解　鈴木眞哉
449 龍馬暗殺の謎　木村幸比古
505 旧皇族が語る天皇の日本史　竹田恒泰
591 対論・異色昭和史　鶴見俊輔／上坂冬子
606 世界危機をチャンスに変えた幕末維新の知恵　原口 泉
640 アトランティス・ミステリー　庄子大亮
647 器量と人望 西郷隆盛という磁力　立元幸治
660 その時、歴史は動かなかった!?　鈴木眞哉
663 日本人として知っておきたい近代史［明治篇］　中西輝政
672 地方別・並列日本史　武光 誠
677 イケメン幕末史　小日向えり
679 四字熟語で愉しむ中国史　塚本靑史
704 坂本龍馬と北海道　原口 泉
725 蔣介石が愛した日本　関 榮次
734 謎解き「張作霖爆殺事件」　加藤康男
738 アメリカが畏怖した日本　渡部昇一
740 戦国時代の計略大全　鈴木眞哉
743 日本人はなぜ震災にへこたれないのか　関 裕二
748 詳説〈統帥綱領〉　柘植久慶
755 日本人はなぜ日本のことを知らないのか　竹田恒泰
759 大いなる謎 平清盛　川口素生
761 真田三代　平山 優
776 はじめてのノモンハン事件　森山康平
784 日本古代史を科学する　中田 力
791 『古事記』と壬申の乱　関 裕二
802 後白河上皇「絵巻物」の力で武士に勝った帝　小林泰三

［地理・文化］

264 「国民の祝日」の由来がわかる小事典　所 功

332 ほんとうは日本に憧れる中国人　王 敏
465・466 ［決定版］京都の寺社505を歩く（上・下）　山折哲雄／槇野 修
592 日本の曖昧《あいまい》力　呉 善花
635 ハーフはなぜ才能を発揮するのか　山下真弥
639 世界カワイイ革命　櫻井孝昌
650 奈良の寺社150を歩く　山折哲雄／槇野 修
670 発酵食品の魔法の力　小泉武夫／石毛直道［編著］
684 望郷酒場を行く　森 まゆみ
696 サツマイモと日本人　伊藤章治
705 日本はなぜ世界でいちばん人気があるのか　竹田恒泰
744 天空の帝国インカ　山本紀夫
757 江戸東京の寺社609を歩く 下町・東郊編　山折哲雄／槇野 修
758 江戸東京の寺社609を歩く 山の手・西郊編　山折哲雄／槇野 修
765 世界の常識vs日本のことわざ　布施克彦
779 東京はなぜ世界一の都市なのか　鈴木伸子
804 日本人の数え方がわかる小事典　飯倉晴武

［思想・哲学］

032 〈対話〉のない社会　中島義道
058 悲鳴をあげる身体　鷲田清一
083 「弱者」とはだれか　小浜逸郎
086 脳死・クローン・遺伝子治療　加藤尚武
223 不幸論　中島義道
468 「人間嫌い」のルール　中島義道
520 世界をつくった八大聖人　一条真也
555 哲学は人生の役に立つのか　木田 元
596 日本を創った思想家たち　鷲田小彌太
614 やっぱり、人はわかりあえない　中島義道／小浜逸郎
658 オッサンになる人、ならない人　富増章成
682 「肩の荷」をおろして生きる　上田紀行
721 人生をやり直すための哲学　小川仁志
733 吉本隆明と柄谷行人　合田正人
785 中村天風と「六然訓」　合田周平

［社会・教育］

117 社会的ジレンマ　山岸俊男
134 社会起業家「よい社会」をつくる人たち　町田洋次
141 無責任の構造　岡本浩一
175 環境問題とは何か　富山和子
324 わが子を名門小学校に入れる法　清水克彦／和田秀樹
335 NPOという生き方　島田 恒

380 貧乏クジ世代　香山リカ
389 効果10倍の〈教える〉技術　吉田新一郎
396 われら戦後世代の「坂の上の雲」　寺島実郎
418 女性の品格　坂東眞理子
495 親の品格　坂東眞理子
504 生活保護vsワーキングプア　大山典宏
515 バカ親、バカ教師にもほどがある　藤原和博／[聞き手]川端裕人
522 プロ法律家のクレーマー対応術　横山雅文
537 ネットいじめ　荻上チキ
546 本質を見抜く力――環境・食料・エネルギー　養老孟司／竹村公太郎
558 若者が3年で辞めない会社の法則　本田有明
561 日本人はなぜ環境問題にだまされるのか　武田邦彦
569 高齢者医療難民　吉岡 充／村上正泰
570 地球の目線　竹村真一
577 読まない力　養老孟司
586 理系バカと文系バカ　竹内 薫[著]／嵯峨野功一[構成]
599 共感する脳　有田秀穂
601 オバマのすごさ やるべきことは全てやる!　岸本裕紀子
602 「勉強しろ」と言わずに子供を勉強させる法　小林公夫
616 「説明責任」とは何か　井之上 喬
618 世界一幸福な国デンマークの暮らし方　千葉忠夫
619 お役所バッシングはやめられない　山本直治
621 コミュニケーション力を引き出す　平田オリザ／蓮行
629 テレビは見てはいけない　苫米地英人
632 あの演説はなぜ人を動かしたのか　川上徹也
633 医療崩壊の真犯人　村上正泰
637 海の色が語る地球環境　功刀正行
641 マグネシウム文明論　矢部 孝／山路達也
642 数字のウソを見破る　中原英臣／佐川 峻
648 7割は課長にさえなれません　城 繁幸
651 平気で冤罪をつくる人たち　井上 薫
652 〈就活〉廃止論　佐藤孝治
654 わが子を算数・数学のできる子にする方法　小出順一
661 友だち不信社会　山脇由貴子
675 中学受験に合格する子の親がしていること　小林公夫
678 世代間格差ってなんだ　城 繁幸／小黒一正／高橋亮平
681 スウェーデンはなぜ強いのか　北岡孝義
687 生み出す力　西澤潤一
692 女性の幸福[仕事編]　坂東眞理子
693 29歳でクビになる人、残る人　菊原智明
694 就活のしきたり　石渡嶺司